U0904281

每天懂一点
潜伏心理学

面白いほどよくわかる！心理学

[日] 涩谷昌三◎著　　刘隽玮◎译

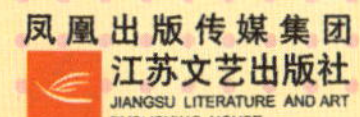

凤凰出版传媒集团
江苏文艺出版社
JIANGSU LITERATURE AND ART
PUBLISHING HOUSE

图书在版编目（CIP）数据

每天懂一点潜伏心理学 /（日）涩谷昌三著；刘隽玮译.
—南京：江苏文艺出版社, 2011.6
ISBN 978-7-5399-4551-4

Ⅰ.①每… Ⅱ.①涩… ②刘… Ⅲ.①心理学-通俗读物 Ⅳ.①B84-49
中国版本图书馆CIP数据核字(2011)第100730号

著作权合同登记号：图字10-2011-174号
上架建议：心理学·时尚读物

"每天懂一点"轻悦读书系
每天懂一点·潜伏心理学

著　　者：【日】涩谷昌三
译　　者：刘隽玮
责任编辑：刘　霁
监　　制：蔡明菲
策划编辑：李彩萍
封面设计：张丽娜
版式设计：李　洁
出版发行：凤凰出版传媒集团
　　　　　江苏文艺出版社 http://www.jswenyi.com
集团网址：凤凰出版传媒网 http://www.ppm.cn
印　　刷：北京京都六环印刷厂
经　　销：新华书店
开　　本：880×1230 1/32
字　　数：120千字
印　　张：6.5
版　　次：2011年7月第1版
印　　次：2012年1月第2次印刷
ISBN：978-7-5399-4551-4
定　　价：26.00元
（江苏文艺版图书凡印刷、装订错误可随时向承印厂调换）

目录 CONTENTS

前言

第1章 一瞥不为己知的内心世界

每天懂一点·潜伏心理学/目录

CONTENTS

第2章 想更多了解身边的人

第3章 和朋友建立更好的关系

第4章 更好地掌握处世技巧

CONTENTS

第5章 解开心中的谜

第6章　心理测试

第7章　心理学的历史

前言

客观地审视“心”的学科就是心理学

心理学，到底是一门什么样的学科呢？

心理学最初属于哲学范畴。哲学家们不停地思索“人的心到底是什么”、“悲伤或者高兴等感情是从哪里产生的”等问题，这就是心理学的开端。

心理学被确立为一门独立的学科大约是在130年以前。心理学的鼻祖冯特在德国的莱比锡大学建立了第一间心理学实验室。他在这间实验室里，引入了自然科学中的调查、研究和收集数据等方法，开始客观地研究难以琢磨的“心”。

比如，看到了美丽的景色时，有人会感觉“好漂亮啊”，有人却不会这么觉得。这是因为人内心的判断力是非常主观的。这时，听取每个人的感受，并以相同的标准进行判断，就能弄清楚一般人对这个风景的看法。这就是现在心理学所用的研究方法。

主观判断和客观事实有差别

那么，我们应当如何将心理学的研究成果应用于实践呢？

可能会有人觉得“心理学是生活中不需要的东西”。然而，心理学却在我们的生活中扮演着非常重要的角色。这么说是因为日常生活中我们都要和他人交往，而心理学可以让人际交往变得更顺畅。

我们的一生中都无法和社会失去联系。社会中最小的单位是家庭，和家人、学校、公司等其他人保持持续的联系就构成了我们的一生。不过，这可是很难的一件事。只要有三个人，他们对于事物的看法或想法肯定不完全相同，随着人数的增加，这种差异也在加剧。此时，就需要一把“标尺”制定出统一的标准，而心理学就能制定出这一标准。

最近，在一些地区人与人之间的矛盾经常见于报端。有的人不管不顾，制造噪音，散发异味，给邻居造成麻烦。还有的人仅仅因为很小的分歧就恶语相加甚至出手伤人。

我们发现其中的问题在于，很多人的主观看法和实际情况发生了偏差，而这是因为他们对于事件的判断标尺与社会通行的判断标尺之间存在差距。因此，很多人即使给周围人带来了麻烦或不便，本人仍坚信“自己做的事情是正确的”。

不过，这种“标尺的偏差”并不只出现在特定的人群中。因为谁都可能用自己的主观想法对事情进行判断，所以才有可能出现上面所说的错误。也正是因为如此，常常会出现即使自己觉得正确、却不会被社会认可的情况。

对不失判断力的“标尺”进行微调

人际关系中出现的问题几乎都是由这种“主观判断的差异”引起的。如果没有注意到“我这么想，对方却不这么想”或者“我是这么认为的，其他人却不这么认为”等差异和价值观的不同，那么它们就很可能成为冲突的导火索。此时，如果能考虑到“虽然我这么觉得，但是一般来说是那样的”或者“对方可能和我考虑的完全不一样”等，这样就能避免冲突发生了。

因此，我们应当确认自己的判断标尺有没有问题。如果有问题，进行适当的微调就显得非常重要了。标尺的微调在心理学上是非常有用的，可以让我们意识到“每个人都有自己的想法，有些和我不一样的想法或看法是社会通行的”，并使我们和他人的交流变得更加顺畅。

通过了解心理学的研究以及其成果，你也可以拥有一把在社会中舒适生活的标尺。如果本书能够帮助你对自己的标尺进行微调则是我的荣幸了。

涩谷昌三

2011年5月

第1章

一瞥不为己知的内心世界

每个人都有未曾发现的自己。记忆莫名会出错，醉酒后简直失忆了；明明有大把时间，却总是耗到最后；自己的性格有时像女人，有时像男人；做的梦似乎折射出自己最近的心理状态；睡姿有很多种，每种都透露出深层心理……

为了长时间的记忆

去KTV唱歌时，很多人都应该有过这样的经历吧？原来能够轻松唱出的歌曲，现在却只能看着屏幕上的歌词发呆；昨天刚刚背过的歌词，今天绞尽脑汁也想不起来……

记忆实在是一个不可思议又难以琢磨的东西。在心理学中，很早之前就开始对记忆进行大量的研究。

现在，我们以记歌词为例来讲解一下记忆的原理。我们对于事物的记忆是有一定的顺序的。假设歌词为“仰望万里晴空”，要记住它，首先我们要在脑海中进行“感觉储存”这项工作。这不是将歌词作为有意义的事物进行认识，而是将“仰——望——万——里——晴——空”六个字逐字作为视觉信息输入大脑，形成“感觉记忆”。

之后，这种记忆会进入下一个阶段——“短期记忆”。在这个阶段，一个个零散的文字作为有意义的事物被大脑认识，而认识到记忆内容的意义是形成短期记忆的必要条件。然而，短期记忆储存的时间很短，一般在15~30秒之后就会消失。

如果要将短期记忆转变为长期记忆，就要对记忆的内容反复记忆，或者为其赋予很强的意义。虽然能否形成长期记忆和重复的效果有关，但是只有经过重复记忆这项工作，短期记忆才能真正转变为难以忘记的长期记忆。

存储于长期记忆中的信息，基本上不会忘记。然而，随着时间的流逝，长期记忆的内容也会变得模糊。很多情况下，如果没有一个“引子”，很多久远的记忆都不会轻易、主动地浮现出来。也有学者认为，长期记忆和睡眠有着密切的关系。

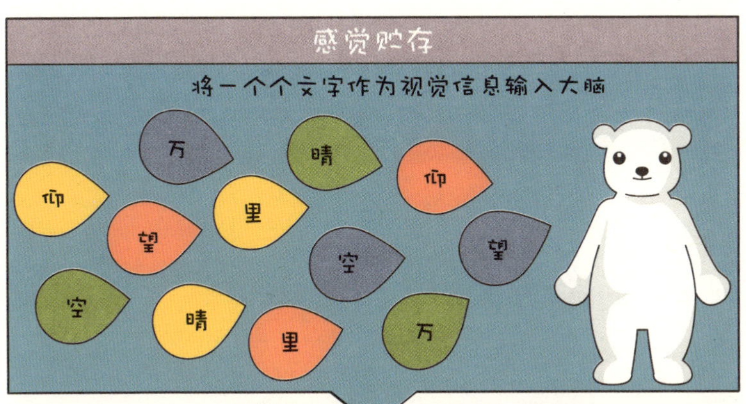
感觉贮存
将一个个文字作为视觉信息输入大脑
万
晴
仰
仰
里
望
空
望
空
晴
里
万

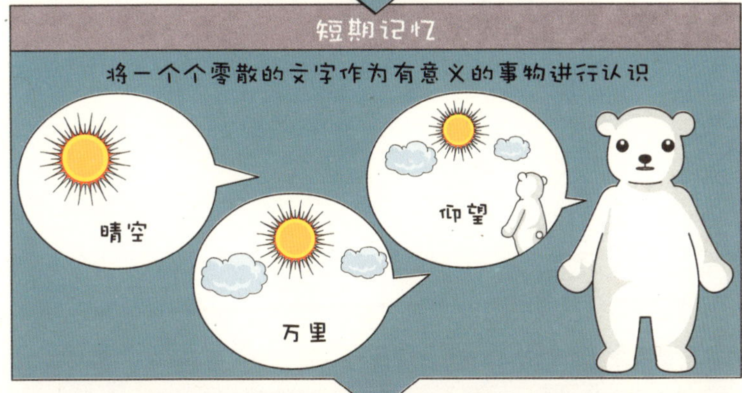
短期记忆
将一个个零散的文字作为有意义的事物进行认识
晴空
仰望
万里

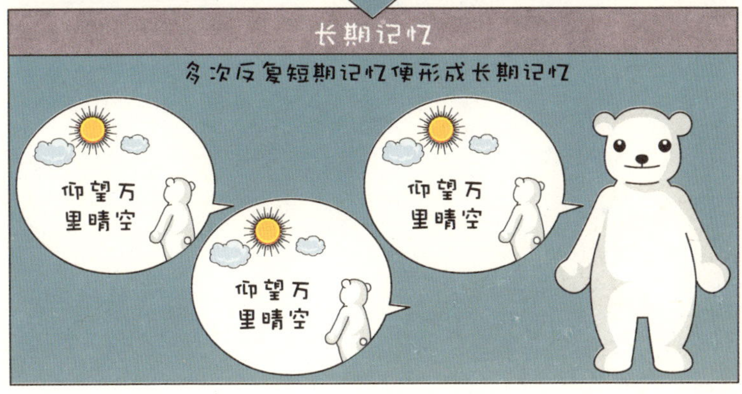
长期记忆
多次反复短期记忆便形成长期记忆
仰望万
里晴空
仰望万
里晴空
仰望万
里晴空

本来应该记住的，为什么却想不起来了？

当短期记忆转变为长期记忆，即使时间推移，人们也能回想起来。而且，一旦变成长期记忆，基本上很难遗忘。

可是，为什么本该记住的事情会有想不起来的时候呢？

“昨天记住的歌词，今天无论如何都想不起来了……”

“刚刚背好的内容，怎么都答不上来……”

在生活中，我们经常遭遇这样的状况。其实，大脑此时此刻还是留有这些记忆的，只是由于当时的条件所限，很难马上回想起来。出现这种状况可能与紧张、疲劳等原因有关，大脑无法迅速读取出储存在记忆中的信息。这种状况被成为“记忆障碍”。

此外，人在喝多了时，记忆也容易出状况。我想很多人都有过这样的亲身经历吧？昨天喝得酩酊大醉，当一大早醒来时只觉得头昏脑涨，对醉酒后发生的事情一无所知。这种由过度饮酒引起的记忆丧失叫做“酒精性失忆”。

心理学家针对饮酒后人的记忆进行了实验，结果发现：在大多时候，人在醉酒状态下经历的事情，在他酒醒后很难回想起来。相反，在清醒状态下记忆深刻的事情，在醉酒后也很难回想起来。

此外，我们还发现一个有趣的现象：人在醉酒状态下经历的事情，到了喝醉时仍能想起来，而在清醒状态下，也能轻松回想起清醒时经历的事情，两者在回忆的完整度上几乎是没有区别的。不过，因为醉酒而失去的记忆，当再喝醉时回忆起来也很不错哦。

带上酒过来
一起喝！
KumaBeer
喝酒时的记忆
?
酒

真正的干劲是涌出的内在动机

明明知道非做不可，可就是毫无干劲……

例如，明明有大把的时间提前完成工作，却总是赶在最后的时间节点前拼命加班加点；明明有充足的时间进行考前复习，却一定要等到非看书不可的时候临时抱佛脚。如果人有足够的“干劲”，事情一定是另外一个样子。

“干劲”在心理学中被称为“**成就动机**”。所谓“成就动机”，是指个体在完成某种任务时力图取得成功的动机。有时，成就动机会因为内在的、自发的原因产生，这种动机被称为“**内在动机**”。例如，很早以前自己就想从事的工作，当实际着手处理时，即使面对再大的困难也充满干劲；虽然是很难的考试，但是只要一想到家人会因为自己通过考试而高兴，就产生一种势必要克服困难的决心。这种由内心自然产生的动机会驱使人们一直努力向前。

另一方面，外在的诱因也会促使成就动机产生。例如，老板催促员工尽快完成工作时气愤地说，“今天再完不成就开除你”；家长激励孩子好好学习时说，“考试考好了多给你一百块零花钱”。我们把这种动机称为“**外在动机**”。事实上，外在动机只能在短时间内发挥作用，只有当它转变成个体内在的需要时，才能推动个体的行为，并具有持久的推动力。

此外，根据“耶基斯—多德森定律”，动机强度与工作效率之间的关系不是一种线性关系，而是倒U形曲线，其中中等强度的动机最有利于任务的完成。

马上就要去捉鲑鱼了
外在动机
赶快去把晚饭的鲑鱼抓回来！
怎么还不上钩啊……！
钓台
内在动机
你抓的鲑鱼可真香啊！
抓鱼啦！

证明"激励带来力量"的心理实验

有时，也会出现即使充满干劲去努力，最后却丧失动力的情况。例如，无论如何都无法实现预定的目标时，或者在不断的失败体验中，人的成就动机会慢慢地消失殆尽。

当发现"所有的努力都是白费"、"反正终究是不可能的"时，整个人会被一种无助感所支配，这在心理学中被称为"**习得性无助感**"，即在接连不断地受到挫折后所产生的一种无能为力、听天由命的心态。

提出这个概念的是心理学家塞利格曼，他通过以下实验对这种心理现象进行了研究：

他将狗关在笼子里，只要蜂音器一响，就进行电击。因为关在笼子里，狗没有办法逃避电击。多次实验后，再进行电击前，先把笼门打开。然而，等蜂音器响起后，狗不但没有逃跑，而且没等电击开始就倒在地上呻吟和颤抖。狗本来可以主动逃避电击，却绝望地等待痛苦的来临。

后来，以人为对象的许多研究也得出了相似的结论。读到这里，你应该会有一种恍然大悟的感觉吧？有时我们总认为自己不行的原因，并不是来自于我们所经历的种种挫折和失败，而是经历了这些事情之后产生的心理暗示和心理压力。

接下来，我们再来介绍一个能够激发人的成就动机的心理效应——"**皮格马利翁效应**"。心理学家罗森塔尔和雅各布森进行了一项实验。他们将班里的孩子分成两组，对其中一组报有极高的期望，并不断给予鼓励："你很聪明，继续努力！"对另外一组则不报希望，也没有任何鼓励。结果，半年后，经常受到表扬的一组孩子的成绩要好于另外一个组。他们将这个现象用希腊神话中一个国王的名字命名，称之为"皮格马利翁效应"。

你做什么都
不行啊…
…
…
今天又是
大丰收！
你真会钓鱼！
继续努力！

表扬为什么能够“培养”人？

为什么来自他人的表扬能够产生“皮格马利翁效应”呢？

这是因为他人的赞美、信任和期待具有一种能量，它能改变人的行为。当一个人获得另一个人的信任和赞美时，他会感觉获得了社会支持，自我价值也得到提升，变得自信、自尊，并获得一种积极向上的动力。不仅如此，他会尽力达到对方的期待，并避免让对方失望，从而维持这种社会支持的连续性。

假设公司有一位新来的营业员，虽然没有取得太多令人瞩目的成绩，但上司却给予他很高的评价：“你的能力很强，一定前途无量。”得到了如此高的评价，这位新人会更加肯定自己的能力，进而认为：“我还是很适合这份工作的，原来我有很强的能力啊！”

这种认识还会让这位新人产生“稍微努力就肯定能有好结果”的想法。于是，他会更加热心于工作，并付出更多的努力，而且也一定会成为一位非常优秀的营业员。

换言之，因为对方给予我们激励，我们开始相信“我能做得更好”，我们的行动也随之发生变化。这在心理学中被称为“自我实现的预言”。由他人的评价带来的自我实现的预言，对一个人的发展具有非常重要的作用。因此，像“你很棒，你一定可以”这样正面的评价，要经常说给对方听，这会成为那个人向着目标努力的动力所在。

得到很高的评价
你捕鱼的技术真高！真能干！
肯定自己的能力
我可能真的是很能干的熊！
开始行动
更努力的话，技术就能更娴熟！！
今天又是大丰收！

自我探求要到何时？
——在这个不成人也无妨的社会

自己到底是个什么样的人呢？每个人在青春期时，都会怀有这样的疑问：“自己是什么人？”“我为什么而活着？”“将来会从事什么工作？”

面对这些从心底里涌出的疑问，人需要严肃地去思考和解答，这在精神层面上对每个人的成长而言都是非常重要的。人在12~18岁时通过思考这些问题，可以寻找到“自己是什么人”的答案。这个过程叫做“个性的确立”。

对于个性的研究，以往很多人都认为从初中到高中是独立于父母影响的时期，而如今却发生了巨大的变化。很多年轻人即使已经成年并到了工作的年纪，但面对这些疑问时仍然模糊不清，而且这类人还不在少数。

这个现象的出现与大学毕业后没有找到工作的自由职业者和御宅族在增加、晚婚晚育成为趋势以及社会老龄化加快有关。原本到了一定的年纪，人们就要进行对自己长大成人和确立个性非常必要的社会活动，比如工作、结婚、生子等。然而，这些活动现在通通被人们推后了，以致他们的心理没有达到相应的成熟度。

近年来，社会状况发生了很大的变化。有些人不但不用工作，还可以继续和父母生活在一起，也不会被逼着结婚，这简直变成一个即使不用努力长大成人、也能生存的社会。

“逆商”

除了智商和情商外，近年来又流行一个新概念：挫折商（又称逆商）。挫折商指人们面对逆境时的反应方式，即面对挫折、摆脱困境和超越困难的能力。逆商高的人产生的挫折感低，而逆商低的人会产生强烈的挫折感。智商、情商和逆商并称3Q，是人们获取成功必备的不二法宝。有专家甚至断言，100%的成功=20%的智商+80%的情商和逆商。

“个性的混乱”测试例题

对时间估计的混乱

Q1 应该在当天完成的工作会推迟到第二天。Yes No

Q2 即使有人在等候，自己仍很悠闲。Yes No

自我意识过剩

Q3 不信任自己。Yes No

Q4 有自信做好，但一被他人关注就不行了。Yes No

执著

Q5 经常改变对事业的信念。Yes No

Q6 过去的生活方式都是错的。Yes No

劳动力降低

Q7 对书本的理解力不再如原来那么强。Yes No

Q8 虽然注意力很集中，却比他人更辛苦。Yes No

同一性混乱

Q9 感觉现在的自己并非真实的自己。Yes No

Q10 感觉自己有两种相反的性格。Yes No

两性的混乱

Q11 几乎没有异性朋友。Yes No

Q12 觉得要是自己生来就是另一个性别就好了。Yes No

严肃感混乱

Q13 周围的人没有把我当做成人来对待。Yes No

Q14 困惑的时候，没有谈心的成年朋友。Yes No

价值观混乱

Q15 没有自己坚信的政治意见。Yes No

Q16 有时候不明白世界的形势。Yes No

回答“Yes”越多的人，说明越不明白自己是什么样的人。所有问题都回答“No”的人，是已经确立了“自我统一性”（即“个性”）的人。

（砂田良一，更改了1979年的一部分试题）

表现出真正自我的20种回答

关于自己是什么样的人，你有多少了解呢？美国心理学家库尼和马克帕兰德研究出一种叫做“Who am I”的心理测试，该测试要求被测试者做出20种回答。

在心理学界，这是一个非常重要的心理测试，相信很多朋友都已经做过或者听说过这个测试。假如你还没有做过这个测试，不妨利用这个机会测试一下，你会觉得非常有趣。你可以回答“我是男人（女人）”、“我住在……”等，即使是简单描述自己的句子也可以。测试时间限制在五分钟内。

这是一个通过对不特定的问题进行作答来探查深层心理的性格测试。由于回答很自由，能够轻易展现出被测试者自由的想法，也能轻松探查到他心底的活动。

一般情况下，前五句回答的都是年龄、性别和出生地等确定的答案，这些都是对自己的介绍。之后，就会慢慢出现一些私人的情况，比如是否生了孩子、今后自己想做什么等，展现出深层次的自我。又比如，“我最近总是睡不着”、“我的母亲是继母”、“我正在考虑换个工作”等烦恼也会一一吐露出来。

随着回答的深入，平常意识不到的和被压抑的欲望和烦恼就这样不自觉地写了出来，展现出一个相当真实的“自我”，比如，“我本来是个……样的人”、“我很喜欢……但是对方却没有感觉”等接近于秘密的东西。与此同时，我们还能发现一些自己意识不到的或从未想过的欲望和心声。

20种回答
1.我
2.我
3.我
4.我
5.我
6.我
7.我
8.我
9.我
10.我
11.我
12.我
13.我
14.我
15.我
16.我
17.我
18.我
19.我
20.我
测试时间为五分钟！

性格受遗传和环境两方面因素的影响

每个人的性格都不一样，那么这种差异到底是如何产生的呢？

在心理学中，性格分为“本性”和“性格”两种。所谓“本性”，简单地说就是人生来就有的特质；而性格是由于后天的环境和教育等影响形成的特质。

由这两者还引发了一场关于“人的性格是由性格还是环境决定”的争论。如果性格是先天决定的，那么可以说是从父母那里继承而来的。如果是后天形成的，可以说受环境和社会生活的影响最大。

迄今为止的研究表明，与其说性格受哪个方面因素的影响更大，倒不如说性格受到遗传和环境的共同影响，而且是在它们的共同作用之下形成的。

比如，一个人对事情的理解方式或在社会中的做事方式等被称为“有这个人风格的部分”，这个部分大多是由他在生活中得到的经验和接受的学习形成的。像被人夸奖“吃饭的样子很好”而微笑，或因为“狼吞虎咽被人讨厌”而消沉等都与他生长的环境中不同的“吃饭文化”有关。

另一方面，对在完全不同的环境下长大的双胞胎的研究表明，虽然他们的生活完全没有交集，但性格还是非常相似的。

因此，可以说人生来就有的本性是在生活中慢慢被点缀上了各种各样的颜色之后，才慢慢形成了每个人各不相同的性格。

关于遗传和环境对性格的影响，通常在智力、气质这些与生物因素比较相关的特质上，遗传的作用较为重要；而在价值观、信念、性格等与社会因素关系密切的特质上，后天环境的作用可能更为重要。

本性
（先天的特质）
奶奶
爷爷
妈妈
爸爸
弟弟
弟弟
姐姐
性格
（后天的特质）

适合自己的两种性格分类

心理学中将人的性格分为很多种。实际上，分类方法也有很多种，其中极具代表性的就是荣格的“内向型”和“外向型”分类法。

·内向型

内向型性格的人，心理活动倾向于内部世界。他们珍视自己的内在情感体验，而且这种体验深刻而持久。行为主观性强，多以自己的所欲和所感为出发点。不盲从不跟风，按照自己的意志行动，不为周围所动。

·外向型

与内向型性格的人相反，外向性格的人心理活动倾向于外部世界，经常对周围的人和事表示出关心和兴趣，并善于把握周围人的期待、自己的状况和世间的动向，而且行事客观性强。

德国有一位精神病学家名叫克雷奇默尔，他把人的体型和性格联系起来进行研究的理论也非常著名。他把人的体型分为三种，不同体型人的性格特征如下：

·矮胖型（躁郁气质）

他们善于社交，待人亲切，幽默开朗，富有感情，不过有时会突然变得很消沉。

·瘦长型（分裂气质）

安静、低调。把自己锁在自己的世界里，不善于社交。神经质，很认真，对他人的话立刻会有反应，与之相反的是，他们根本不在意周围的世界。

·强壮型（癫痫气质）

认真而坚忍，固执。很认真且正义感很强，有时候说出的话就不会再理会，不中意就会生气，还很容易兴奋。

矮胖型（躁郁气质）
他们善于社交，待人亲切，幽默开朗，富有感情。
瘦长型（分裂气质）
安静、低调。不善于社交。神经质，很认真，根本不在意周围的世界。
强壮型（癫痫气质）
认真而坚忍，固执。说出的话就不会再理会。突然会生气，也很容易兴奋。

真正的你是男还是女?

一个人是男还是女是由什么决定的呢?

当然，解剖学上是由生理上的性别决定的。然而，生理上的性别和人格的性别是不同的。

一个人在心理上无法认同自己与生俱来的性别，相信自己应该属于另一种性别的心理，被称为“性别认同障碍”。这是一种生理上的性别和希望社会认同的性别有差异的障碍。在当今的日本，据说大概有几千人存在这种性别认同障碍。自1998年在埼玉医大进行了日本首例变性手术之后，希望通过手术来解决生理性别和人格性别差异的人越来越多了。

然而，并非只有患有“性别认同障碍”的人才会有两性差异上的困惑。其实，每个人都多多少少会有一些这样的疑惑。请看下一页，这是一个关于男女性别差异的测试，其中每一项都是一般这个性别才会有的特质。经过比较可知，只倾向于其中一侧的人几乎不存在，而平衡地拥有两种特质的人是很正常的，或者说完全倾向于其中一侧的人是不平衡的。

像这样一般被称为“像男人，像女人”的东西就是“性别”。这和生理上的性别不同，它被称为“社会创造的性别”。作为成年人，要想平衡地处理家庭和工作的关系，均衡地拥有“像男人，像女人”这样两方面的特质是很必要的。事实上，如果只有一种，很容易被认为是极端的人。

总之，每个人都应该兼有男女两方面的性格，平衡地生活下去。

你拥有的“女性性别”和“男性性别”

下面的表现中，完全不符合的选1，几乎不符合的选2，一般符合的选3，稍微符合的选4，完全符合的选5。

女性性别

可爱	1	2	3	4	5
优雅	1	2	3	4	5
魅力	1	2	3	4	5
奉献	1	2	3	4	5
亲切	1	2	3	4	5
语言文雅	1	2	3	4	5
细心	1	2	3	4	5
听话	1	2	3	4	5
安静	1	2	3	4	5
爱打扮	1	2	3	4	5

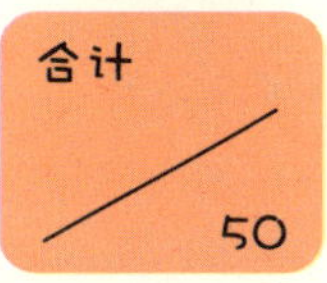

男性性别

富有冒险精神	1	2	3	4	5
勇敢	1	2	3	4	5
大胆	1	2	3	4	5
有指导力	1	2	3	4	5
心怀信念	1	2	3	4	5
值得信赖	1	2	3	4	5
有行动力	1	2	3	4	5
有主意	1	2	3	4	5
意志坚强	1	2	3	4	5
有决断力	1	2	3	4	5

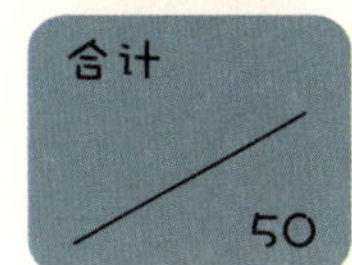

睡眠诉说着我们的内心

熟睡时，是人最不设防、最能展现出真正自我的时刻。

睡觉时所做的梦，有时连本人都意想不到。然而，梦却真实地诉说着我们的内心。探求梦境所表现出的潜意识中的欲望、矛盾以及被压抑的不安等被称为“**梦的解析**”。最早提出这一学说的是弗洛伊德，他将“梦的解析”作为治疗精神疾病的一种方法。

弗洛伊德关于梦的学说收录在他于1900年发表的、轰动一时的《梦的解析》一书中。之后，弗洛伊德的学生荣格继承了他的理论，在自己独立思考的基础上继续进行研究。

根据荣格的研究，梦都是愿望的象征，并且具有补充意识的积极作用。因此，他强调解梦并进行记忆和分析的重要性。与此同时，他也指出了错误解析的巨大危险性。因此，如果是解析自我的梦，不要太过严肃，抱着“可能是这样，也可能不是这样”的想法比较好。

睡眠时，不是只有梦能够表现出人的“**深层心理**”。通过观察人的睡姿，也能了解到人的深层心理。这是美国精神病专家塞缪尔·登凯尔（Samuel Dunkell）提出的，他认为睡姿可以表现一个人的性格以及最近一段时间是否有烦恼等。

在“非快速眼动睡眠”时，人的身体会发生运动。塞缪尔·登凯尔的理论依据正是通过和大脑活动无关的睡姿了解到潜在的深层心理。大家可以从第24和25页的插图中找出自己的睡姿并加以分析。

从具有代表性的梦中了解你的深层心理

● 在天空中飞翔然后坠落的梦

可以随心所欲地在天空飞翔，代表气力和体力都十分充足。这暗示着你克服了现在的困难和障碍，有条不紊地在行动。如果飞翔时不是很顺利或者突然坠落，则显示出你对失败的不安和恐惧。

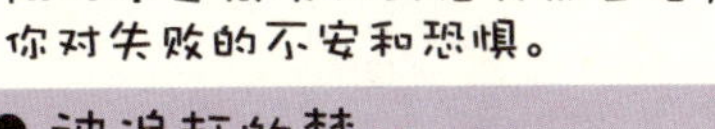

● 被追赶的梦

追赶的人象征社会的规则、父母或者性欲。被追赶时，如果途中被紧紧绑住，蕴含着对被抓住的恐惧，与此同时也隐藏了自己想被抓住的愿望。

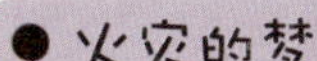

● 火灾的梦

暗示自己一时受到了限制。火一方面意味着可怕的东西，另一方面在古代被当做神圣的象征。也就是说，这个梦有两个方面的含义：恐惧，或者对生命的激情。

● 做爱的梦

对此有两种看法。一种直接表示你对爱情的渴望，梦中的对象就是自己向往的伴侣的投影。另一种则意味着你想尝试新鲜事物的想法。

● 赤裸全身的梦

如果是在澡堂或海水浴场等可以赤裸全身的场所，表现的是不被他人责怪、想做爱的愿望。如果是被迫赤裸行走，则表示你陷入了某种困境。看到美丽异性的裸体，暗示着你有这样的愿望。看到不雅观的异性裸体，则暗示你对男女之事暴露的不安以及对侮辱和嘲笑的恐惧。最后，看到孩子的裸体暗示了对未来的祈福和期盼走运的想法。

● 吃东西的梦

如果不是很饿却做了这样的梦，表示你的性欲、权力欲或金钱欲没有得到满足。

睡姿透露我们的深层心理

把被子或枕头夹在两腿之间

↗拥抱型

理想很高，难以实现。因此，很多时候会陷入慢性的欲求不满，并为理想和现实之间的鸿沟深感苦恼。此外，在性欲上也无法得到满足。

侧卧，蜷成一团

←胎儿型

对他人的戒备心很强，锁在自己的世界里。与此同时，对他人的依赖性也很强。有自我意识过剩的一面，对于人际交往非常苦恼。

趴在床上睡觉

↘平趴型

将床据为己有，呈紧紧抱住母亲的姿势。性格以自我为中心，做事非常认真，不能容忍他人的过错，与此同时也反映出欲求不满的现状。

仰面朝天睡觉

↑王者型

是背负着父母的期望成长起来的。性格稳定，自信心足，开朗，而且能屈能伸。性格大大咧咧，很难理解他人细腻的感情，因此对于人际关系倍感苦恼。

侧卧，稍稍弯曲双腿

→半胎儿型

人格是平衡而稳定的，能给人带来安全感。一般很善于协调，基本上很少有烦恼，但这是他们仅有的优点。他们也会因为和他人交往的不顺利而烦恼。

抬起膝盖睡觉

↓"膝盖成山型"

神经质、急性子。虽然能够准确觉察出细小的事情，但有时也会适得其反。他们容易对小事怀恨在心，久久都不能遗忘。

侧卧，双脚重叠睡觉

↗套上枷锁的囚犯型

表现出工作和人际关系等不顺利。双脚重叠则表示这种痛苦很严重。

双手放在胸前睡觉

↘安稳型

担心"用什么来保护自己"的类型，拥有很多烦恼。容易突然变得不安，注意力不集中。也拥有身体的不满和烦恼。

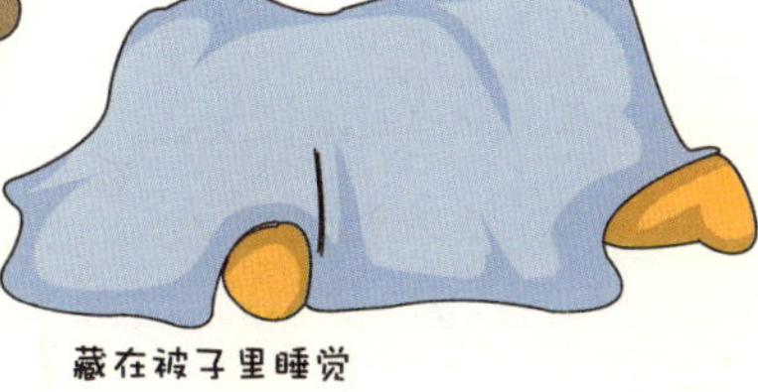

藏在被子里睡觉

↑冬眠型

他们会从多种角度来考虑问题，具有很强的洞察力。有时，会为很小的事情烦恼，而且容易变得消沉。

趴下，抬起臀部睡觉

←斯芬克斯型

这样的人睡得很浅或者难以入睡。孩子经常有这样的睡姿，因为他们希望"早点回到快乐的白天"。

通过血型测性格真的准吗？

喝酒时或者随意聊天时，通过血型测性格的话题非常流行。然而，我要告诉大家的是，这种测试性格的方法并没有科学依据，而且有大量的科学数据表明，这种方法在很多情况下都是不准确的。

那么，血型对我们的性格有没有影响呢？

如果站在心理学的角度，就不得不回答“NO”。这可能给大家泼了冷水，但是从心理学中各种各样的测试来看，还没有发现血型和性格有任何关系。不仅如此，从医学的角度来看，人们也没有找出有力的证据来证明血型与性格有关。

那么，为什么由血型判断性格的方法会如此深入人心并盛行一时呢？

首先，血型是**最为简单、而且大家都可以理解的东西**。血型只有四种，每一种血型的特征，比如“A型人很认真”、“B型人有主见”等都非常容易理解，符合这样性格特征的人也有很多。

相比之下，星座有12星座之分，其区分方法和每个星座的性格特征相对很难掌握。如果是看手相和姓名进行占卜，就需要掌握更加复杂的知识了。

其次，血型性格的叙述中多是一些**一般化的特征**，因此人们总能从血型性格中找出适合自己的部分。即使不符合自己，例如“AB型血的人拥有独特的思维方式”，看到这样的评价人也不会反感。而且，人还会把自己想象成就是这样的人，并主动向判断结果靠近，这在心理学上被称为“自我成就预言”。

最后要说的是，通过血型判断性格的方法是**方便的社交工具**。与人第一次见面时，如果感觉无话可说，这可是非常好的话题。在公司和朋友之间，这种话题也常常能起到活跃气氛的作用。

B型人有主见
我是B型
我有时确实很有主见！我可以自己做主！
我是B型血，所以我有主见！
有主见确实是因为是B型血的缘故

因为欲求不满，人才会成长

即使已经过上了富足和衣食无忧的生活，我们仍然想过得更好，仍然想获得更多的幸福，而且这种欲望是永无止境的。

美国心理学家马斯洛认为这种欲求不满的心理是非常正常的。根据马斯洛的需求理论，人的需求分为“生理”、“安全”、“社交”、“尊重”和“自我实现”五类，依次由较低层次到较高层次。

首先是对食物、水、空气、住房和穿着等的需求，即“**生理需求**”，这类需求的级别最低。之后，是确保自身安全和安定的“**安全需求**”。如果这种需求也得到了满足，接下来就会产生融入同伴和集团并被他们接受的情感和归属需求，即“**社交需求**”。在“社交需求”之上的，是被承认、被尊敬的“**尊重需求**”。

人不会安于低层次的需求，当较低层的需求得到满足后，就会往高处发展。这是人共同的特质。随着这些需求得到满足，人也慢慢成长和成熟起来。丰衣足食的人“想过得更好”、“想得到他人的认可”，因此他会更加努力地工作；因为“想有一个漂亮的恋人”、“想建立一个完美的家庭”，于是开始寻找另一半。这些都是再正常不过的。

最后，最高层次的需求是“**自我实现需求**”，即人希望最大限度地发挥自己的潜能，不断完善自我，完成与自己能力相称的一切事情，实现自己理想的需要。这是非常高端的要求。当开始考虑满足这种需求并付诸行动时，人就会进入人生更高的阶段。

我想提高自己的能力！
自我实现需求
想提高自己的能力和可能性
成长欲望
尊重需求
被他人承认，被他人尊敬
我想得到他人的承认
社交需求
被同伴和集团接受
想有一个漂亮的恋人
安全需求
确保自身安全和安定
我想过得更好
生理需求
吃、睡、排便
想过衣食无忧的日子
基本的欲求

“反正不行”会让人没有干劲

上一小节中已经说过，欲求不满的人为了获得更多，会加倍地努力。不过，也有例外的情况出现。

奥地利心理学家、精神病学家维克多·弗兰克认为，让人丧失干劲的欲求不满也是存在的，这是一种由无意义感和空虚感结合而成的生存空虚，它在心理学中被称为“生存挫折”。

虽然我们都拥有寻找人生意义和目的的健全意志，但是当陷入“生存挫折”时，会丧失这种能量。比如，尝试了很多次都没能成功，或者不管怎么努力都没有结果。此时，原来那种对梦想的乐观估计，例如“虽然现在很艰难，但是只要努力就能克服问题，梦想和目标一定会实现”，都将不复存在，人生也就没有任何目标可言了。人们每天只会得过且过，所谓的意志和自由也变得微不足道。所有这些都是因为人们被一种“无论如何都不行”的无助感所支配。

弗兰克还指出，像“情结”和心理创伤等精神疾病的原因大多隐藏于现实中的欲求不满，而人们感到自己人生的意义对于其精神生活来说是非常重要的。他本人在第二次世界大战中，曾被关押在奥斯维辛集中营。据说正是有过这样残酷的经历，才使他得出了以上结论。

“挫折源”

“挫折源”，就是引起挫折感的根源。挫折源一般有两种情形。一种是需要得不到满足，又不能妥善调节。人们有物质生活和精神生活两个方面的需要。物质生活需要得不到满足，人就难以生存；精神生活需要得不到满足，对人的身心健康和发展会产生重大影响。另一种是动机冲突导致的挫折，动机冲突即选择冲突，当一个人必须做出取舍时，内心的困惑和紧张会十分强烈，会导致挫折感。

养蜂
我不吃蜂蜜了……

失恋时听失恋歌曲的原因

失恋时，你有没有想听失恋歌曲的经历呢?

原本失恋就已经非常痛苦了，可是为什么还要听让人心痛的旋律呢？其实，听失恋歌曲对于治疗心理创伤有着非常独到的作用，这在心理学中被称为“**体感共振**”。

倾听失恋的歌曲时，音乐的曲调和自己失恋的痛楚之间会产生共鸣，借此可以改变自己的心情。这就像有时比起单纯给你鼓励的朋友，那些说“我明白，真的很难受”的朋友更能给予自己力量。

“体感共振”也是音乐疗法的一种。音乐疗法是指将音乐作为一种手段来进行心理治疗，它有两种方法。一种是通过唱歌、演奏乐器，甚至谱写一首歌曲等方法，让患者通过自己的行动使身心得到解放。

另一种是通过听歌使患者的精神状态活跃起来。此时，所听的音乐可以和患者的精神状态相反；或者正如开头提到的例子，所听的歌曲和患者的精神状态相一致。

此外，兴奋的时候听快节奏的歌曲，消沉的时候听悠扬的歌曲，会使人心情舒畅，或者让人平静。躁狂抑郁性精神病、精神病、其他心理疾病、酒精依赖症的患者等都可以作为音乐疗法的对象。

“音乐疗法”的环境和心理准备

进行“音乐疗法”时，室内的光线要明亮柔和，不要过于幽暗。空气要清新，最好室内有些花草植物，使环境富有生气。在开始聆听音乐前，最好洗一把脸，让大脑清醒一下。此外，还要先闭目养神，静坐片刻，或做几次深呼吸运动。在聆听音乐时心理状态不同，效果也会不相同。

同调
发泄
好像心情好点了

失败是因为运气不佳还是实力不足?

请阅读下面一段对话，如果是你，你会选择A和B哪种回答呢?

“今天外出的时候被雨淋了。”

A：“啊，运气太差了！”

B：“你真不小心，连伞都没带！”

选择A的人是外罚型，选择B的人则是内责型。

所谓“**外罚型性格**”，是指发生在自己身上的事情，都会在自己以外的事情上寻找原因。比如，自己没把工作做好，却推脱说“因为我和某某同事在一起才干不好”、“上司的指示太难理解了”等，以此来转嫁责任。把事情成败归于好运和噩运的人也属于这个类型。

“外罚型性格”的人很少反省或者后悔，甚至没有丝毫压力，所以他们可以若无其事地转换心情。也正是因为他们很少反省，多次犯了同样的错误后，仍然自称责任不在自己。而且，他们很多时候更容易受到外界的影响。

“**内罚型性格**”则刚好相反，具有这种性格的人认为事情的结果是由自己造成的。在他们看来，什么事情都是靠自己的努力和能力取得的，所以不会因为周围的人发生动摇，而且会自己分析原因。也正因为如此，虽然他们很难经历失败，但一旦失败，就会消沉，并承受着巨大的压力。

失败时的思考模式

失败时的思考模式可以分为“内罚型”、“外罚型”和“无罚型”三种。对于挫折的处理方法，也可以分为与之对应的三种类型。“内罚型”人将挫折的原因归结于自己，容易承受过大的精神压力。“外罚型”人把责任全部归因于别人，因此别人会认为他是个自私的家伙。“无罚型”人群则不追究挫折的原因，有点自欺欺人的意思。

今天，我本来想采点蜂蜜吃的。结果，连续失败了三次，还被蛰了一身包。
你怎么就没有好好想个计划呢，太不小心了。
运气太差了！
认为事情的结果是由自己造成的
"内责型"
认为失败的原因不在自己的
"外罚型"

潜伏心理术小结①

- 记忆要经历“感觉储存”、“短期记忆”和“长期记忆”三个阶段。
- 由于紧张、疲劳等原因，人会出现“记忆障碍”，过度饮酒还会导致“酒精性失忆”。
- 人的成就动机分“内在动机”和“外在动机”两种，只有内心自然产生的动机才会驱使人们一直努力向前。
- “皮格马利翁效应”可以激发人的成就动机，而“习得性无助感”会导致人们放弃努力。
- 性格受到遗传和环境的共同影响，而且是在它们的共同作用之下形成的。
- 荣格将人的性格分为“内向型”和“外向型”两种，克雷奇默尔则将人的性格按体型分为三类：“矮胖型”、“瘦长型”和“强壮型”。
- 生理上的性别和人格的性别是不同的，而一个人均衡地拥有“像男人，像女人”这样两方面的特质是很必要的。
- 从代表性的梦可以了解你的深层心理，与此同时睡姿也可以透露你的内心。
- 人的需求分为“生理”、“安全”、“社交”、“尊重”和“自我实现”五类，依次由较低层次到较高层次。因为欲求不满，人才会慢慢成长和成熟。

第2章
想更多了解身边的人

身边的人都将真实的自己隐藏了起来。大家都带着面具，所以生活很有序；家庭中潜伏着各种“情结”，有的甚至引发仇恨；亲密的人之间往往爱之深，恨之也切；相近的人相恋，相反的人结婚……

大家都带着面具，所以生活很有序

偶然在饭店碰到了自己看病时认识的大夫，原本亲切和广受患者好评的他却表现得和平时判若两人，他冷淡地和服务员说话……类似的事情很常见。为什么会这样呢？

其实，这一点也不奇怪。如果他以接待患者时亲切和耐心的态度来对待服务员反倒有点奇怪了。

再说一个刚好相反的例子。如果上司对待公司的职员就如同对待家人一样和颜悦色，会被贴上“没有社会常识”的标签。又比如，一位是讲话如同和朋友在一起时一样随意的营业员，另一位是礼节周到的营业员，要说哪一位更可信，当然是后者。

像这样，为了适应社会而形成的人的一面，或者说担当着社会功能的人的一面被称为“**人格面具**”。人格面具（persona），这个词来源于希腊文，本义是指使演员能在一出剧中扮演某个特殊角色而戴的面具。心理学家荣格认为，人的“潜意识”有“**个人潜意识**”（情结）和“**集体潜意识**”（原型）两种，而“人格面具”是后者的一种原始意象。正是因为有了人格面具，我们才能得到社会的认可，并保证与他人、甚至是那些我们不喜欢的人和睦相处。而且，因为大家都有这样的“人格面具”，社会生活才能有序地进行。

顺便说一下，这种原始意象是指所有人心中相同的潜意识形象（请参照下一页的图）。正因为教师扮演教师的角色，医生扮演医生的角色，社会才能有条不紊地运转。回想一下你自己，和家人或恋人相处时，以及分别在学校和公司的时候，所展现出的你都是不一样的吧。同样，你周围的所有人都拥有很多面，这也是很正常的。

集体潜意识的六种原始意象

潜伏在亲子关系中的情结

“爸爸，我最喜欢妈妈！”

这么说话的是一个天真无邪的孩子。然而，在他的心底，“矛盾”和“扭曲”已经开始萌芽，比如俄狄浦斯情结。

“**俄狄浦斯情结**”的说法，缘自古希腊中一个弑父恋母的故事，是指由于想独占异性的感情不断增加，对同性亲人怀有的一种“如果他不在就好了”、“如果他死了就好”这样黑暗的、被压抑的愿望。

弗洛伊德认为在“性本能”（指性的欲望、冲动和精神力量）的发生阶段，有一个被称为“阳具期”的时期，它通常为儿童的3~6岁。

人们都知道进入青春期的男孩，是在对抗父亲的过程中成长起来的，然而这种感情早在儿童时期就已经滋生。女孩对于母亲也和男孩对于父亲一样怀有这样的感情。

再来说说“**恋母情节**”。所谓有“恋母情结”的人，指的是由于在儿童时期从母亲那里得到了过多的关爱和保护，以致成人之后也无法在精神上独立的男性。虽然他们已经长大成人，但本应在少年时代养成的个性和建立的人际关系却没有如期实现。

有恋母情结的男性，即使在公司上班或者结婚以后，也会对母亲唯命是从。不仅如此，他们还会在自己的配偶身上寻找对母亲一样的感情。

最后要说的是，亲子关系是人生来所形成的最重要的人际关系。正因为如此，它才会在一生中对人格的形成产生巨大的影响。

我长大了要和
爸爸结婚！
妈妈要是不在了就好
了。这样我就可以和爸
爸一直生活下去了！

兄弟之间为什么要相互竞争？

产生于家人之间的情结并不仅仅局限于孩子和家长之间。兄弟之间也经常会产生情结，而且有时这种情结还会转变成仇恨。在心理学中，它被称为“**该隐情结**”。

这个名称取自《旧约圣经》中亚当和夏娃的孩子该隐。作为农夫的该隐和羊倌的亚伯都要为神上供。可是，神很喜欢亚伯的贡品，根本不去理睬该隐的贡品。因为这件事而心生嫉妒的该隐杀死了自己的兄弟亚伯。后来，神将他放逐到了伊甸的东方。“该隐情结”就是从这个故事得名的。

除此以外，兄妹或姐弟之间的情结叫做“**安提戈涅情结**”，指在兄妹或姐弟之间存在的作为禁忌而被压抑的性爱情感。

有兄弟姐妹的孩子都想让家长更加关心自己，由此便产生了同别的兄弟姐妹竞争的心理。很多情况下，由于家长的关怀和家人之间的关心，这种敌对心理会不知不觉地消失。然而，只要走错一步，就很可能将它变成影响一生的仇恨。

青少年的“逆反心理”

青少年正处于“过渡期”，其独立意识和自我意识日益增强，迫切希望摆脱成人的监护。于是，他们反对成人把自己当“小孩”，要求以成人自居。为了表现自己的“非凡”，对任何事物都倾向于持批判态度。也正是由于他们感到或担心外界无视自己的独立存在，才产生了用各种手段或方法来确立“自我”与外界对立的情感。

为什么总是你！

爱之深，恨之切

最近，孩子和家长之间发生的杀人事件引起了人们极大的关注。那么，为什么在家长和孩子这样重要的关系中，会有杀人事件发生呢？

这与“突变论”这种心理现象有关。所谓“突变论”，是指一种感情变成了相反的感情，以致爱得越深，恨得也越深。

每个人都容易以自己的感受来揣度对方的感受，认为对方就应该和自己抱有同样的想法。可是，很显然，每个人的想法各有不同。当遇到这种分歧时，我们内心会产生一种不舒服的感觉。如果对方是我们深爱的人，这种感觉会更加强烈。

例如，对方并不像想象中那样深爱着自己，对方说了自己不愿听到的话等，每当出现这种令人失望的情况时，我们就会自然冒出“没想到他是这样的人”、“他竟然背叛了我”等想法，于是因爱生恨。

如果想和深爱的人好好相处，不想出现类似的问题，我们有必要了解一下“刺猬的困境”。美国哲学家叔本华以此为主题写了一篇寓言故事：

寒冷的冬日，刺猬夫妇为了取暖而相互靠近，可是因为靠得太近将对方刺伤，于是他们又赶快分开。结果，因为离得太远，刺猬夫妇都被冻死了。

美国精神疾病医生佩拉克把这个现象称为“刺猬的困境”。那么，要达到既不伤害到对方又能取暖的目的，是需要保持合适距离的。如果没有把握好这个距离，很容易出现悲剧。

真想不到他是
那样的人！
这才是我理
想中的人！

因为亲密才生气的原因

为什么有时和家人或恋人等亲近的人产生分歧时，我们会感到非常生气呢？和意见不合的人发生矛盾并不新鲜，而且此时大多数人都能控制自己的情绪，并压抑住心中的怒火。然而，在同样的情况下，我们有时会对亲近的人大发脾气，甚至产生仇恨。这是为什么呢？

这种怒火是因何产生的呢？奥地利心理学家阿德勒认为，对于亲近的人产生的怒火源自“认为自己是正确的”这种感情。自己的主张是正确的，但却得不到理解，尤其是面对亲近的人时，人们很容易因为不被理解而发怒。

在这个现象背后，其实隐藏着寂寞和悲伤。不论对谁而言，**不被所爱的人、自己认为很重要的人理解都是非常痛苦的事情**。这种寂寞和悲伤可以引发愤怒。

“正因为是父母，才想让他们理解我。”

“正因为是夫妇，才想产生心灵上的共鸣。”

寂寞正是隐藏在这样的愿望背后。只是，如果将这种愿望直接告诉对方，遭到拒绝会让自己受到更大的伤害。因此，出于防御的心理，人们便将这种感情转化成为愤怒表现了出来。

如果你对亲近的人怀恨在心，或者在亲近的人冲你发脾气时，你不妨想一想这其中隐藏着什么样的愿望。

吵架会带走亲密感

人和人的接触不免会产生摩擦。在婚姻关系中，夫妻的亲密感也常常要经受这样的考验。如果关系不和，两人的亲密感会逐渐消失。如果亲密感是将夫妻粘在一起的胶水，那么愤怒和沮丧的情绪则能够将夫妻分开。在吵架夫妻的婚姻中，亲密感是慢慢地被侵蚀掉的，而当事人往往到了一切都晚了时才会发觉。

自己绝对正确
但是不被理解
因为是恋人，
所以拥有同感
不是很好吗？
你为什么不理解我？！
好寂寞啊~
理解我吧~！！

是喜欢还是爱，确认真心想法的办法

“喜欢”这种感情分为很多种，其中包括对家人的爱、友情、作为伙伴的好感和信赖、对尊敬的人的向往以及对异性的爱情等。这其中最模糊、最不易分辨清楚的便是作为朋友的“喜欢”和作为异性的“爱”。究竟是“喜欢”还是“爱”，经常是摆在人们面前的一道难题。

特别是男性，对于喜欢的女性，他们很难判断这种感情到底是“喜欢”还是“爱”。他们会因为对方“很可爱，性格也很好，好像也同意去约会”等理由，而“被吸引”。另一方面，女性因为对方“人真好”、“真的很棒”等原因“爱”上一个人的时间会很长。那是因为她们挑选伴侣的门槛很高。

这种情况下，如果男性开始关心和自己关系不错的女性并试图追求，会被女性以“我没有那个意思”的理由拒绝。导致这个结果的正是我们之前所说的“喜欢”和“爱”的区别。

接下来，请看下一页中的题目。这是美国心理学家鲁宾提出的“爱情与喜欢量表”。在括号中填上特定的人的姓名，看看自己有没有产生题目中所说的感情。其中，1~6项是判断喜欢的题目，7~12项是判断爱的题目。

如果你的生活中出现了一个自己关心的人，那么就先来确认一下自己的内心是喜欢还是爱吧。面对这个问题，一定要慎重小心，不要因为一时误解而没有看清自己的真心哦。

爱情与喜欢量表

喜欢

1. （ ）会顺着我的意思。
2. （ ）会变成被他人赞赏的人。
3. （ ）的判断力值得信赖。
4. （ ）可以被我推荐为团队的代表。
5. （ ）和我非常相似。
6. （ ）和我在一起时，我们两个人的心情是一样的。

爱

7. （ ）如果不能和我在一起，那就太惨了。
8. （ ）不在身边，我的生活会变得很艰难。
9. （ ）不高兴的时候，让他（她）打起精神是我的责任。
10. 只要是（ ）的事情，我什么都肯做。
11. （ ）会向我诉说任何事情。
12. （ ）和我在一起时，我能长时间盯着他（她）看。

使恋爱成功的最好方法就是多见面

如果你对某个人的感觉确实是“爱”不是“喜欢”的话，那就应该突破朋友这一层关系，进一步发展成恋人。那么，如何才能做到呢？

接下来，我来介绍一个行之有效的方法，那就是利用美国心理学家扎荣茨通过实验证明的“多看效应”。

实验是这样的：他为被试者准备了10个人的脸部照片，并随机展示给他们看。他把某些照片展示了5次、10次、20次，最后证明被试者对展示次数越多的面孔越有好感。

也就是说，随着见面次数的增加，产生好感的可能性越大。这个结果，即使用真人来替换照片也不会发生变化。这叫做“熟知性原则”。

不过，取得这个结果的前提必须是自己对对方的第一印象是良好的。如果第一次见面就留下了坏印象，很可能会见面越多越讨厌。

与此相反的实验也得出了一个很有意思的结果。这是对居住在美国费城5000对夫妇所作的调查。调查结果显示，有三分之一的夫妇在结婚时就已经住在相隔五个街区以内的区域，这其中还有12%的夫妇当时已经同居。相反，订婚后分开居住的恋人，结婚的比率会降低。也就是说，经常无法见面的远距离恋爱很容易让爱情消失。这叫做“博萨德法则”，又称为“爱情与距离成反比效应”。

住在了相隔五个
街区以内的区域
33%
已经同居
12%

双方都紧张，恋爱易成功

我再来介绍一个恋爱秘籍——“爱情的吊桥理论”。

加拿大心理学家达顿等人分别在两座桥上对18~35岁的男性进行问卷调查。一座是高悬于山谷之上、摇摇晃晃的吊桥，另一座是架在小溪上坚固的木桥。男性被试者要求走到桥的中央，接受一位漂亮女性的问卷调查。等到回答完问题后，女性调查人员会将写有电话号码的纸条递给男性，并说如果想知道结果可以打电话。

结果，数日之后，过木桥的男性中只有12%打来电话，而过吊桥的男性中有高达50%的人打来了电话。只有一个原因可以解释这个结果。那就是，从吊桥上走过来的男性会因为紧张心跳加快，而他误把这种感觉理解为恋爱时那种怦然心动的感觉。这在心理学中被称为“**基本归因错误**”。

心理学家德里斯科尔所作的调查也得到了相应结果。他以140对恋人和夫妇为对象进行调查，结果表明有些夫妇虽然遭到双方父母的反对，但是两个人的关系很好。这在心理学中被称为“**罗密欧与朱丽叶效应**”，即他们混淆了对于妨碍行为的兴奋和对于对方爱意的上升。

你也可以带喜欢的人一起去吊桥或者其他较高的地方，共同感受那种心跳加快的感觉。如果实在找不到合适的地方，去游乐园一同乘坐过山车也是不错的选择。更简单的方法就是一起去看恐怖电影。一起感受那种战战兢兢、心跳加快的感觉，更容易使恋爱成功哦。

这就是恋爱？
扑通扑通
好紧张
扑通
扑通

相近的人相恋，相反的人结婚

恩爱的恋人具有什么样的特点呢？

仔细观察行走在路上的恋人，总觉得他们有什么相似的地方。然而，爱情肥皂剧中经常把“型男和丑女”设定为主角，实际上我们很少看到这样的恋人。即使是著名的“美女与野兽”，也很难在现实生活中出现。

这叫做“**匹配理论**”。其实，人在不知不觉中会寻找和自己合拍的人。不论兴趣爱好、看问题的方法还是性格等，内心深处都十分相似。我们会选择这样的人作为恋人，而且和这样的恋人在一起可以相处得十分融洽。

然而，到了谈婚论嫁的时候，事情好像就开始出错了。

美国心理学家曾对25对夫妇进行了调查，结果表明关系密切的夫妇是性格刚好相反的两个人的组合。比如，一方是支配型，另一方就是服从型；一方很会照顾人，另一方很会享福。

事实上也如此，大男子主义的男人需要一个顺从的妻子，勤快的女人不仅会悉心照顾她懒散的丈夫，还会和他人说“我老公和个孩子似的”。像这样，性格相反的两个人可以相互补充，这叫做“**互补性**”。

总之，恋爱和结婚不同，经常是相近的人相恋，而相反的人结婚。

喜欢的异性具有的特征

每个人喜欢的异性在身体上、性格上会有一定的特征和倾向。首先，大多数人对身体富有魅力即容貌好的异性会产生好感。与这样的人交往，人会感觉自身的价值也得到了提高，会大大地满足虚荣心。其次，当人遇到与自己价值观等相近的异性时，容易产生好感，继而发展恋情。这种叫做“类似性因素”的心理效应。

总坐在我屁
股上……

成功结婚的四个步骤

恋爱是一时的热情，而结婚就不同了。找一个称心如意的终身伴侣是要讲究方法的。接下来，我来给大家介绍一个运用心理学的好方法。

英国心理学家、政治家瓦拉斯认为，进行创新时都要经历以下四个步骤：

1.准备期——收集必要的信息；

2.孕育期——基于收集到的信息进行思考；

3.明朗期——不经意间灵光乍现，想出办法；

4.验证期——验证自己的办法是否行得通。

以古代希腊数学家阿基米德发现浮力的故事为例，他的发现就遵循了这四个步骤：

1.西西里国王让阿基米德验证王冠是不是纯金的，于是他开始收集有关纯金的信息；

2.他基于收集来的信息开始好好思考；

3.有一天进入浴缸洗澡时，因为身体进入水中，使水溢出了浴缸。见此情景，他突然想出了办法；

4.通过将与王冠重量相同的金块浸入水中，他的验证宣告成功。基于这一原理，他发现了浮力。

如果把这些步骤应用于结婚，就会像下一页的图示那样成功收获爱情。这四个步骤中，最重要的是孕育期。对于非常喜欢的人，每个人在检查时都会放松警惕。因此，我要奉劝大家的是，在结婚前一定要仔细考虑对方的性格和婚姻观是否和自己一致，以免结婚以后吃后悔药。

1.准备期
原来如此
信用调查所的报告
收集关于对方的性格、工作以及结婚意愿等信息。
2.孕育期
检查检查！
随着约会次数的增加，自己要多多观察，好好考虑。
3.明朗期
这个人肯定没问题！
我都观察这么久了！
开始觉得这个人肯定没问题！
4.验证期
你怎么想？
挺好的！
听取周围人的意见，和对方多谈话，直到自己的想法巩固下来。

说谎的时候会有这样的信号

关系密切的人说谎时，我们总能觉察出“哪里好像很奇怪”。这看似是自己的感觉比较敏锐，实则是对方发出的“谎言的信号”被我们捕捉到了。

人在撒谎时经常会发出以下这些信号：

1.想隐藏手部动作

抱住胳膊或者将手插在口袋里……当人内心动摇的时候，双手会出现这样的动作。为了不让对方觉察到自己内心的动摇，人会不自觉地将手隐藏起来。

2.不自然地触摸脸和头

用手捂住一部分嘴和脸，或者拨弄头发等。这都是说谎时常有的掩饰动作。

3.表现得心神不宁

无法长时间保持同一个姿势，而是慌慌张张地改变姿势，比如直起腰，频繁改变脚的姿势等。这都流露出一个人“想赶快离开这个地方”的想法。

4.说话很快，回答很少

由于想“尽快结束对话”而说得飞快，或者不好好回答问题而选择很简短的答案。

5.缺乏表现力

缺乏表情，用词贫乏等。因为觉得自己要暴露了，为了不说错话而小心翼翼地用词，并尽量不露声色。

6.一直盯着对方的眼睛

恋人和夫妇等异性之间撒谎时，说谎的人多会一直盯着另一个人看。

防线
昨天我去钓鱼了。
逃离现场
啊 我没有做过那种事情吧？
修饰
昨天我钓到了70多条鱼。
体谅
今天你抓到的其实是很小的鱼。
说谎的熊
隐藏错误
什么事？
破坏约定
我忘得一干二净，对不起！
通过抬高自己的能力和经历，使自己站在高处说谎。
我的钓鱼技术可是世界第一！
误会
海豚长大之后就变成鲸了！

能够塑造理想自我的网络人际关系

在现在的社会中，通过网络建立的人际关系已变得稀松平常。

不久以前，只要说起朋友或恋人，指的都是那些我们十分了解和熟悉的人。然而，到了现在，我们经常会把那些甚至都不知道长相和为人的人称为朋友。这其中，网络作为媒介起到了巨大的作用。

通过网络和博客等建立起的人际关系，与通过见面建立起的人际关系有很大的不同。以前通过见面谈话和深入交往建立起的人际关系，其根基在于“**自我告白**”，即通过言语和行为向对方展现出一个真实的自我。例如，向同班同学或社团成员介绍自己，或者给第一次见面的工作对象递上名片等都属于自我告白。

与此相对，通过网络建立起的人际关系，其基础在于“**自我呈现**”，即自己想如何表现自己，就将什么样的信息传达给对方。这样做不仅可以隐瞒自己的相貌和真实姓名，就连家庭住址、多大年纪、喜欢什么、讨厌什么、对什么事情感兴趣等都可以随意杜撰。

喜欢哪一种人际关系，因人而异。现在，连朋友都不知道自己真实身份的人呈现出增长的趋势。

网络让人丧失身份

上网可以满足网络身份或角色的需求。在网络上，人会体验到一种平等感、自由感和身份虚幻感，而产生这种体验的根本原因是网络导致的“身份丧失”。“身份丧失”的好处是可以让一些人宣泄被压抑的情绪，获得一定的心理治疗效果。然而，如果过度的话，会使人丧失现实感，混淆虚拟世界和现实。

我一个人住在高
级公寓中……
蜂蜜
饼干

潜伏心理术小结②

- 为了适应社会或者被社会接受，每个人都会戴上“人格面具”。也正是因为有这样的“人格面具”，社会生活才能有序地进行。
- 潜伏在家庭关系中的情结有“俄狄浦斯情结”、“恋母情节”、“该隐情结”和“安提戈涅情结”。
- 亲密的人之间往往爱之深，恨之也切，因此把握好一个合适的距离非常重要。
- 自己的主张是正确的，但却得不到理解，尤其是面对亲近的人时，人们很容易因为不被理解而发怒，甚至产生仇恨。
- 根据“多看效应”和“熟知性法则”，使恋爱成功的最好方法就是多见面。
- 根据“爱情的吊桥理论”，去刺激到让心跳加快的地方，更容易让恋爱成功。
- 相近的人相恋，相反的人结婚。关系密切的夫妇是性格刚好相反的两个人的组合。
- 要成功结婚必经四个步骤：准备期、孕育期、明朗期和验证期。
- 说谎的时候，人会发出各种信号，认真观察就能捕捉到。

第3章
和朋友建立更好的关系

抓住朋友的心，才能建立起良好的关系。第一印象会成为我们的标签，而且远比我们想象的顽固；说服他人时，要善于运用“一面提示”和“两面提示”；要拉近和他人的心理距离，可以运用“午餐技巧”；发挥少数派影响，有两种有效策略；了解团体中的势力关系，能够避免不必要的麻烦……

能抓住人心的是EQ，不是IQ

学生时代成绩很好的人，进入社会后是否依然很活跃，这个可不一定。这是一件很有意思的事情，而且由此来看，学习能力和交际能力是两种完全不同的能力。

智商被称为IQ，情商被称为EQ。其中，情商又称为“**情绪智力**”，常被作为意志、感情、和周围人交流的能力以及“**共情能力**”的标尺。所谓“共情能力”，又被称为“移情能力”，指的是一种能设身处地了解他人处境，从而达到感受和理解他人情感的能力。

也就是说，能帮助你抓住周围人的心并建立起良好人际关系的是EQ。而且，不论IQ有多高，只要EQ很低，在由人际关系构成的社会中就很难得到很高的评价。

美国心理学家丹尼尔·戈尔曼指出，**人若想获得幸福，EQ比IQ更重要**。他还说EQ中包含以下五种能力：

1.了解自己真正的感情，能够在人际关系中确定方向；

2.能够控制自己的怒火和焦虑，不会变得有攻击性；

3.拥有自信和希望，能向着目标前进；

4.能够体察他人的处境和心情，产生共鸣；

5.能协调好人际关系，关心他人，建立良好的人际关系，并懂得如何结交朋友。

实际上，比起那些只是学习好的人，这种能力高的人会有更加愉快的学生时代。调查还表明，进入社会后，更多这样的人会在工作上取得成功，或者过上理想的生活。

1. 了解自己真正的感情，能够在人际关系中确定方向。
2. 能够控制自己的怒火和焦虑，不会变得有攻击性。
1 2
3 4
5
3. 拥有自信和希望，能向着目标前进。
4. 能够体察他人的处境和心情，产生共鸣。
我想抓更多的鲑鱼！
5. 能协调人际关系，关心他人，建立良好的人际关系，并懂得如何结交朋友。

第一印象决定之后的关系

初次见面后，我们肯定不会评价一个阴沉着脸、始终不说话的人为“开朗的人”。相反，我们会记住他是一个“难以接近、可怕的人”。

相反，如果第一次见面时，感觉他是开朗的人，即使第二次见面时他阴沉着脸、始终不说话，我们也不会认为他是“可怕的人”。我们仍然会对他保留有良好的印象，觉得他“本来是个开朗的人，今天可能发生了什么不开心的事情”。

像这样，**第一印象远要比我们想象的还要牢固，而且最初的印象会决定整体印象**。这在心理学中被称为“首因效应”。

就像开头的例子，如果最初我们留给别人的印象不错，即使后来出现一些小问题或惹出了麻烦，我们也能得到周围人的谅解，之后也能被团体所接受。

能否很好地运用首因效应，直接关系到留给他人第一印象的好坏。一个人不是什么事情都要一五一十地说出来，而是要“选取适当的自我表现方法”。这算不上说谎，而且留给他人的印象会因为一个小小的表达而改变。例如，一位直率地说出“我不会做饭”的女人，和一位微笑着说“我还在学做饭”的女人，即使两人的手艺一样差，她们留给他人的印象也是完全不同的。

总之，自我呈现是将处理后的形象传达给对方，擅长自我呈现的人，即使来到新的团体，如新单位或新学校，也容易被大家接受。

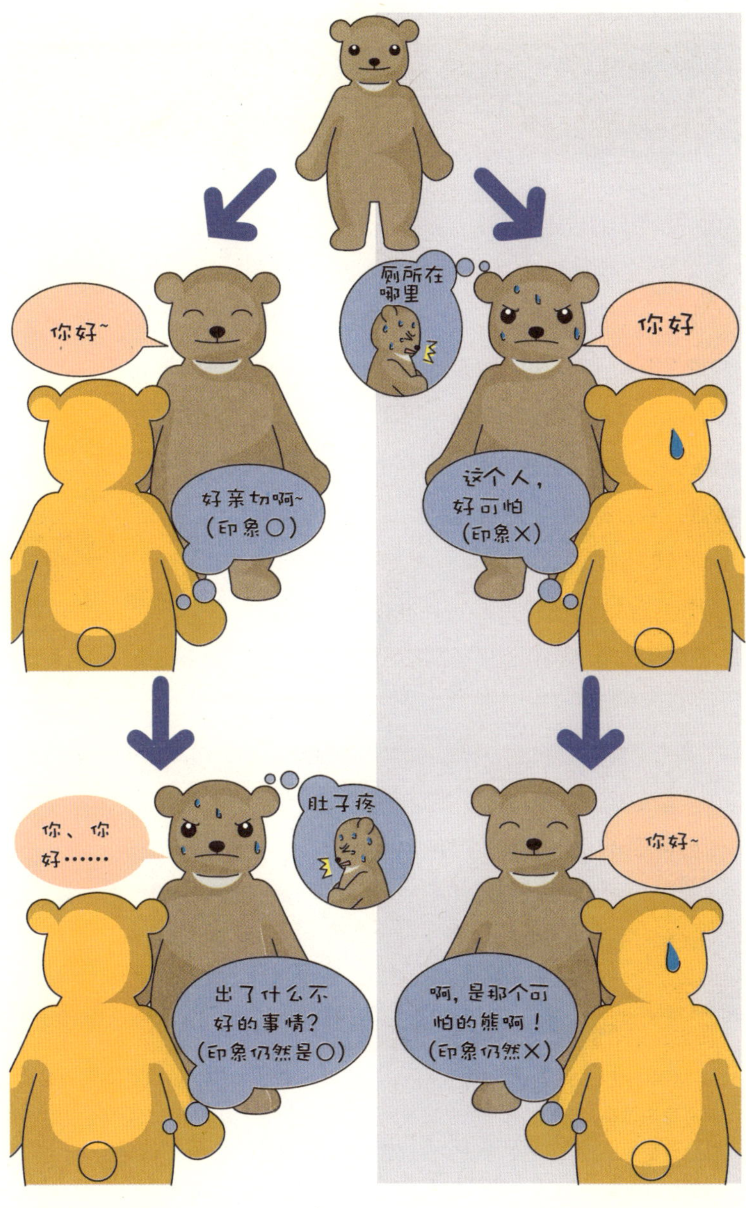
你好~
好亲切啊~
(印象○)
厕所在哪里
你好
这个人，好可怕
(印象×)
你、你好……
肚子疼
出了什么不好的事情？
(印象仍然是○)
你好~
啊，是那个可怕的熊啊！
(印象仍然×)

运用光环效应表现自我

你是否有过这样的经历？当得知一位印象不深、看起来一点都不起眼的人居然是某家公司的老板时，自己会感到很惊讶，并因此对他刮目相看。

这就是“光环效应”，即人们会因为一个人的头衔、学历和家庭背景等，提高对他的评价。实际上，不是只有这些背景信息可以产生光环效应。身穿名牌或使用名牌的人也常被认为是很有品位的人，这也是“光环效应”的一种。日本人喜欢名牌、追求名牌的原因中，虽然带有“这个品牌很受人喜欢”的因素，但是也包括“我会被认为是有品位的人”这样的愿望。

美国心理学家做过这样一个实验：他给四十位教授展示了女学生的照片，并请他们对女学生的外貌作出评价。结果，被评为美女的学生成绩评价也较好。换言之，教授会偏爱那些相貌出众的女生，因为出众的外貌会让人觉得她的学习也很好。

换一个角度来想这个问题。如果你想提高周围人对你的评价，最好先让自己的外貌变漂亮。虽然有时会有炫耀的嫌疑，但是为了让自己看着更好，整理一下仪容仪表，或者注意一下发型和衣服的颜色也是非常重要的。“让自己看起来更好”或者“想让他人对自己有好感”，抱着这样的心情会对建立良好人际关系有很大的帮助。

光环效应的弊端

1.遮掩性：习惯由部分推及整体，随意抓住某个或好或坏的特征就断言这个人或是完美无缺，或是一无是处。2.表面性：容易受感觉的表面性、局部性和直觉的选择性的影响，因而对某个人的认识仅仅专注于一些外在特征。3.弥散性：对一个人的整体态度，还会连带影响到跟这个人的具体特征有关的事物上。

我是白熊！
又一个没有才能的人……
白熊先生实际上是某某演员的儿子！
啊……这么说起来长得是挺相像的。说不定还挺能干的……

表情和动作比语言更能传达感情

传达感情不仅仅依靠语言，动作和眼神更能流露一个人的真心。

大家都有过这样的经历吧？从对方的动作可以发现语言无法表达的喜悦之情或其他感情，例如胜利的手势、愤然离席的动作等。像这样语言以外的表达都被称为“非语言沟通”。

非言语沟通领域的专家通过调查发现，在一对一的交流中，语言传达的信息只有35%，剩下的65%都是通过语言以外的媒介——姿势、动作、声调、表情等进行传达的。此外，在小组交流中，语言传达的信息量仅占7%。

人们就是这样依赖语言之外的媒介来判断他人的。和他人说话时，一定要多加留意，而且不只要注意语言，更不能忽略态度。否则，会被认为是“满嘴跑火车的人”，以致得不到信任。

顺便说一下，对方表现出“感到你的好意”的动作中包括说话时的眼神交流，对对方话语的肯定以及笑着回答对方的问话等。

相反，如果没有眼神交流、说话的腔调一成不变，或者回答时慢慢吞吞，这样的行为会让对方觉得“我对你没什么好印象”、“我和你要保持距离”等。

要特别注意眼睛及嘴巴四周

脸上的肌肉变化应当作为表情的第一线索。脸上的肌肉分布情形，比身体其他部分更高度发达，特别是眼睛和嘴巴四周的肌肉格外发达。因此，随着感情的变化，脸上的肌肉也会变化。比如，脸颊提高、嘴角向后挑表示愉快；脸颊下垂、嘴角下垂则表示不愉快。因此，以这种高兴与否的肌肉变化为基础，形成了我们的感情。

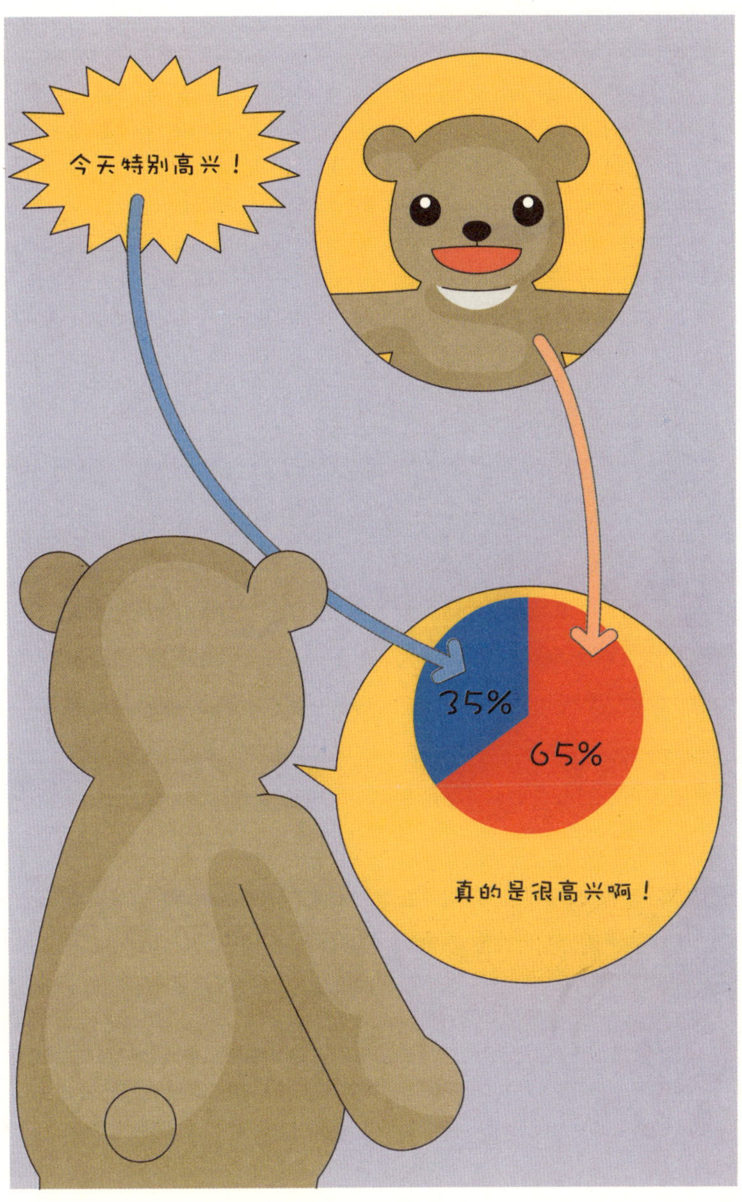
今天特别高兴！
35%
65%
真的是很高兴啊！

瞳孔可以反映对方的真心

人们常说“眼睛会说话”、“眼睛是心灵的窗户”等。眼睛在传达信息中也具有非常重要的作用。

假设有一个人冲着你微微一笑，他是皮笑肉不笑，还是发自内心地微笑，其中表达的含义是“奉承”还是“好感”，如何进行判断呢？这是两种截然不同的笑容，应该根据什么去做判断呢？

其实，无法从表情上了解的真心，从瞳孔深处却可以洞悉到。**瞳孔的大小可以反应一个人当时的心情**。一般说来，面对漠不关心或不喜欢的人和事物，人的瞳孔会变小；面对感兴趣的或喜欢的人和事物，人的瞳孔会变大。

美国心理学家赫斯为此做过一个实验。他让女性被试者看怀抱婴儿的母亲的照片，结果她们的瞳孔平均放大了25%。当他给男性被试者看女性的裸体照片时，他们的瞳孔平均放大了20%。所谓“熠熠生辉的眼神”，说的就是瞳孔这样的变化。

瞳孔还会告诉我们另外一件事，那就是视线的方向。说话时，进行的眼神交流越多，说明一个人对周围的人越关心。与此同时，也能间接说明这个人有很强的依赖心理，并且不喜欢独处。如果他只在谈判或者交涉等场合和对方进行眼神交流，则说明他有很强烈的支配对方的欲望。

无表情并非无感情

无表情并不代表无感情。脸部肌肉没有随着内心动态的改变是不自然的，无表情恰好说明他有这种感情。有的人不论听到领导说什么，都以无表情应对，但是在内心深处却存在着不满、反抗意识或者被他人了解的欲望。当这种情形更加严重时，就会有眨眼睛、皱鼻子或者脸部痉挛等症状出现。如果在对方脸上发现这种迹象，说明他的内心与脸上的无表情相反。

瞳孔
放大25%
放大20%
KUM

第一印象会成为我们的标签

想一个身边的朋友或同事，并用一句话描述他们。我们会立刻想到“A总能制造活跃的气氛”、“B总是很冷静”、“C满嘴大话无法信赖”等，这就叫做标签。所谓“标签”，是指潜意识中对方留给自己的印象。这个印象就好比给人贴上标签，在以后的交往中，人们往往会按照这个标签所代表的内涵去看待对方。其实，**我们给对方贴上标签的做法是为了简化复杂的人际关系**。

标签的优劣与工作单位等正式场合的人际关系有关。只要这个人不是“集所有缺点于一身而引人注目”，那么就可能得到大家的信赖。另外，评价很高的人自然会得到大家的支持。

那么，我们怎样才能获得很好的标签呢？关于这个问题有过这样一个实验。为A、B两人准备若干名鼓掌喝彩的“托儿”，并在众多的被试者面前做两次测试。结果，第一次A的得分较高，第二次B的得分较高。虽然两个人的总分一样多，但是在被试者的印象中，A的表现更好。不仅如此，被试者还认为A第二次的成绩没有B高是因为“他偶尔状态不好”。

从这个实验我们可以发现，“首因效应”对标签的好坏会产生很大的影响。如果一开始能给对方留下良好的印象，之后这就会作为我们的标签固定下来。相反，如果第一印象就不好，之后再想摘掉这个标签就很难了。

不要在初次见面时给对方贴“标签”

人们在初次会面的前30秒钟的表现，给对方留下的印象最为深刻，这就是通常所说的第一印象。人们往往通过第一印象去决定一个人是否值得交往，但社交训练、外貌特征、偶然因素等都可能造成错误的第一印象。这种错误判断还可能因为第一印象的持久性而根深蒂固。因此，要想全面地了解一个人，切不可在第一次见面时便对其贴“标签”。

钓鱼决赛
18条
这个人不行啊
好厉害啊！
25条
标签
26条
嗯……比刚才好点儿！
状态好像有点不好！
19条
合计
44条
评价低
评价高
合计
44条

说服力强的对话所需的技巧

我给大家介绍两个对说服对方非常有效的技巧："一面提示"和"两面提示"。"一面提示"指仅向说服对象提供有利于自己的材料，"两面提示"则指提供正面和反面两方面的材料。

以说服单位上司购置新电脑为例，只列举优点的做法，例如"有了新电脑，A和B的操作就只需要一半的时间，而且还可以减少一个人的人员开支"等，这就是一面提示。相反，分别指出优缺点的做法，例如"新电脑和旧电脑相比，虽然购买价格和保养成本都很高，但是可以用一半的时间完成同样的工作，人员开支也可以减少"等，这就是两面提示。

"一面提示"之后，可能会被遭到"不是这样"的批评，或者被认为是在说谎。另一方面，虽然"两面提示"会让人觉得诚实可信，但是无论如何说服力都会打折扣。

根据对方是否容易被说服，采用对应的方法会更有效。如果对方肯定你的意见，而且他是容易被说服的类型，那么"一面提示"更容易奏效；相反，对于否定你的意见的人，"两面提示"所表现出的诚意就显得非常重要了。

此外，说话的顺序也会成为能否成功说服他人的关键因素。对于容易被说服的人，可以采用最后说出结论的"高潮法"，这是比较正统的方法。对于不容易被说服的人，要采用先说结论后分析原因的"低潮法"，这样做可以引起对方的兴趣，因而也容易让对方倾听自己的说明。

两面提示
提供正面和反面两方面的材料
这种新型的苹果苗结出的苹果特别好吃！
这种新型的苹果苗不是很耐寒，但是结出的苹果特别好吃！
一面提示
仅向说服对象提示有利于自己的材料

不用强行说服也能打动对方

除了强行说服，还有其他方法能够打动对方。接下来，我要介绍的是一种“条件制约”的方法。

1904年的诺贝尔奖得主、苏联的生理学家巴甫洛夫曾做过一个非常有名的实验。正是在这项被称为“巴甫洛夫之犬”的实验中，他发现了“条件反射”。

在给狗喂食的过程中，巴甫洛夫发现，时间一久狗只要听到他的脚步声并看到他手里的容器，就会流出口水。之后，巴甫洛夫每次给狗喂食前都会先按蜂鸣器。结果没多久，这声音就如同让狗看到他手里的容器一样，也会使它流出口水。即使蜂鸣器响过后没有食物，亦会如此。这便是“条件反射”的作用。

所谓“**条件反射**”，是指在确定的条件下，通过重复使我们获得某种能力的学习活动。狗就是记住了每天喂食时的情形，才知道了食物被送来的时机。

这被认为是一种“古典的条件制约”，为之后心理学家华生的 “行为主义心理学”带来了巨大的影响。

之后，美国心理学家斯金纳用实验法发展了“操作性条件反射”。最经典的实验是他设计了一个操作箱，并在里面放了一只老鼠。当老鼠四处乱串无意间按压到里面的装置杠杆时，就会在箱内出现一颗食丸。当老鼠再次无意间按压到杠杆时，相连接的杠杆又会放出一粒食丸。反复多次后，老鼠便逐渐学会了按压杠杆就会有食物的“条件反射”。

这在心理学中被称为“**操作制约**”，即通过学习能够产生自发性的行为。当然，这种条件反射也可以为我们人类所利用。在下一小节中，我将为大家介绍一个具有代表性的例子。

开饭喽！
只有容器啊！
饭呢？！
嗯？

利用美食提高好感

享用美食的时候，大概不会有人不高兴吧。大部分人都很高兴，脸上还会露出十分满足的表情。

这就是利用“古典制约”来抓住对方心理的一种做法。所谓“古典制约”，即我们之前讲过的“经典条件反射”，它是一种关联性学习。和他人接触时，如果能够边吃边聊，应该更容易让对方接纳自己。当“享用美食”这种快感充满内心时，会让两个人交谈的气氛变得更融洽。

假如你想和某个人和好，或者让对方接受你，一起去吃饭会很有效。此外，为了让会议在友好的气氛中进行而选择商务午餐，或者为了欢迎新成员而举办宴会等，都是日常生活中司空见惯的场面，而这些都是以更好地交流为目的。在心理学中，这个方法被称为“午餐技巧”。“午餐技巧”不仅仅局限于吃饭，就是边吃点心边聊天也能收到同样的效果。

如果你想和某人拉近彼此之间的距离，也可以运用这个行之有效的方法。试着经常和意中人边进餐边聊天，即使每次时间都不长，很多次之后，**享受美食的愉悦感也会带入到对你的评价当中。**

“承诺一致”原理

所有人都会本能地去兑现曾经的承诺。即使在兑现的时候，有些条件已经发生了变化，甚至明显违背了承诺人的实际意愿。无论大人还是孩子，男人还是女人，承诺都具有巨大的威力，而且一个人的身份地位越高，他兑现承诺的推动力越大。“承诺一致”的妙处就在于一旦对方承诺了，即使后来他并不情愿，他也会努力兑现，特别是公开的承诺。

对他的记忆
=
美食的记忆
=
好印象
今天咱们
吃鱼~

用自己的意见改变团体

如果必须以一己主张来说服众人，你会怎么办呢？恐怕大多数人都会觉得一对一的情况还好应付，若在众人面前如此恐怕难以招架得住。

身处一个团体，想让自己的不同意见被所有人接受，这是非常需要勇气的。不过，只要掌握了方法，也未尝没有这个可能。而且，在很多情况下，正是少数具有说服力的意见改变了整个团体的看法。

这种少数派占据上风的情况被称为“**少数派影响**”，其中包括“霍兰德策略”和“莫斯科维茨战略”。

“**霍兰德策略**”是指团体的核心人物拥有丰富的知识和经验，并以他自身傲人的成绩来说服众人。例如，某公司正在就是否开拓新的业务进行讨论。面对犹豫不决的职员，一位有卓越能力的领导用自己以往成功的经验来鼓励他们，说服他们，给予他们努力向前的动力。这叫做“霍兰德策略”。

“**莫斯科维茨战略**”则刚好相反，是指一位过去和团体的联系很少甚至都没有什么经验的人，从一个全新的角度出发提出自己的看法，并通过坚持不懈的说服而改变众人的想法。

当新员工进入一个对新业务持消极态度的团体时，需要他通过激情的说服工作激发众人工作的积极性和活力。

钓鱼的步骤我都会指导你们的，所以加油干吧！
我可是钓鱼的行家！
霍兰德策略
在失败中和大家一起成长！
我虽然也没钓过鱼，但一开始谁不是初学者呢？
莫斯科维茨战略

行动总在话语之后

不论在哪儿，总有那么一两个人“迟迟不肯行动”。他们要么在大家一起做事时佯装不会，要么一直无故拖沓以致无法按时完成工作。不论在单位、学校的社团还是各种地方团体，都会有这种拒绝合作的人，这真是一件让人头疼的事情。

“大家都在努力，你也要加油。”

“你要是能加入，可就帮了我们的大忙了。”

“最近这么忙，所以别迟到，好吧？”

……

即使听到这样委婉的催促，这类人依旧无动于衷。那么，如何才能调动他们行动的积极性呢？

有一个方法很有效，那就是让他在大家面前保证自己要做某件事。做出了这样的承诺，他就会认为自己必须付诸行动来兑现。这在心理学中被称为“公开承诺”。

公开承诺在职场中经常用到。例如，上司在众同事面前对某位下属说：“这段时间就要着手去做了”、“一定要超额完成销售目标”等。在这样的场合，下属只能应声去做，而且行动时也会很认真。

总之，对于那些迟迟不肯行动的人，就应当在大家面前向他传达既定的工作，并让他公开承诺自己会付诸行动。如果他一个人难以保证，可以让在场的所有人一一保证，这样他就很难逃脱了。

大家都在努力，你也要加油！
好……
明天开始钓鱼，可别迟到了啊！
你要多和大家一起工作！
真麻烦啊……
我们在早会上就把这周的任务交给你了。
这周的鱼产量要提高20%！
那么，好好干！
在大家面前保证过了，那就不能不做了。

让团体内部力量关系一目了然的关系图

当许多人组合成一个团体时，怎么做才能让大家合作愉快呢？是从调查每个人的性格和行动力入手？还是绞尽脑汁想出一个共同话题？又或者大家一起来制定一个共同的目标？

其实，还有更好的方法来掌控一个团体。美国心理学家J. L. 莫雷诺提出一个叫做“**社会测量**”的理论。

首先，请小组所有成员在纸上写出与自己关系好的人和自己不愿结交的人。然后，据此制作出一张“**社会关系图**”。通过这个方法，一个团体中谁和谁的关系好，谁是最受欢迎的人，谁是最不受欢迎的人，以及谁被大家孤立等，就一目了然了。

像下一页中的那幅关系图中，A和C关系不错，D和F的关系也不错，而且从中我们还能发现A在团体中非常受欢迎。此外，D和G是水火不容的关系，B是最不受欢迎的人，还有E和I 在团体中是被孤立的。

如能了解**团体中的结构和势力关系**，就会明白该如何对待这些关系就能管理好整个团体。例如，就一件事情，我们先和A进行了商谈，并将他争取为自己的合作伙伴，之后再去邀请其他人帮忙就会非常顺利。

此外，如果要组织两三个人一起行动，根据此关系图我们还能避开关系不和的两个人出现在同一个小组中。至于大家都不欢迎的人，我们还可以采取事先请其他人帮忙的策略。总之，“社会测量”真是一种可以成功避免不必要冲突的好方法。

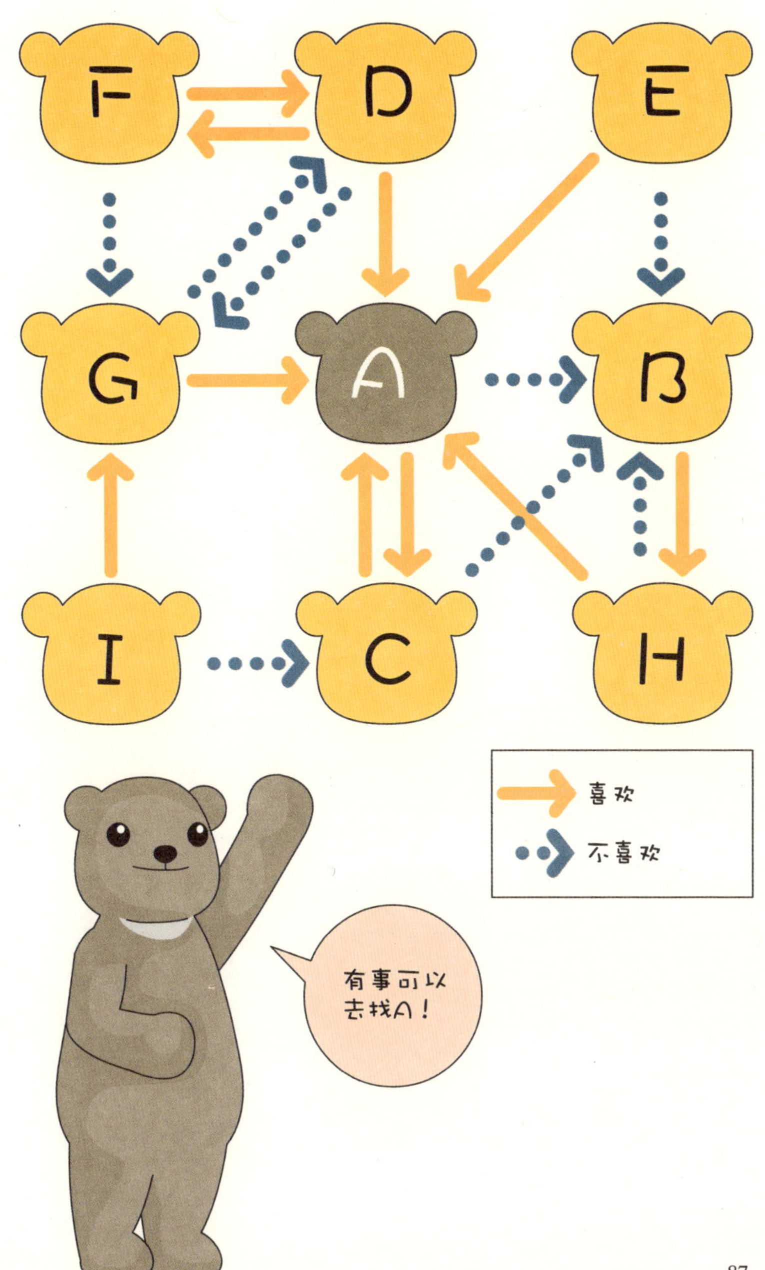
F
D
E
G
A
B
I
C
H
喜欢
不喜欢
有事可以
去找A！

“好上司”的类型根据目的和情况发生变化

进入社会后，我们会发现有很多种类型的上司，例如工作至上的上司，把工作全都交给下属的“无责上司”，对什么事情都严肃认真的上司，凡事都睁只眼闭只眼的上司……那么，对于一个组织来说，真正的“好上司”应该是哪种类型呢?

日本的社会心理学家三隅二不二认为，上司必备的领导才能包括“达成目标的能力”和“维持团体完整的能力”两个方面。从这两个方面进行划分，便形成了如下一页所示的领导的四个类型。这叫做“**领导行为PM理论**”。

根据这一理论，在PM上司的领导下工作的团体是最具生产效率的，而且团体成员的满意度也很高。上司所必须具备的能力既不能完全偏向工作，也不能过分偏向人际关系。只有平衡地拥有这两个方面的能力，才能称得上是好上司。

不过，并不是说无论何时这样的上司都是最好的。例如，执行关系到公司前途命运的新项目时，需要领导具有很强的达成目标的能力，即P的因素要很强。在残酷的竞争中，团队的气氛变得死气沉沉的，此时需要领导具有很强的维持团体完整的能力，即M的因素要很强。此外，当新项目走上了正规，应当由PM类型的上司代领团队继续向更高的目标努力。

综上所述，一个好的上司要拥有很多面，而且要想当好领导其实也是非常困难的。

维持团队完整的能力（Maintenance function）/M能力（行动）

达成目标的能力（Performance function）/P能力（行动）

高

低

pM

比起工作，更享受周末休息的时间和下班以后生活的类型。

PM

虽然工作第一，但也很重视家庭，是能够平衡两者的类型。

捕鱼量

pm

将精力投入到工作之外的地区活动和志愿活动中的类型。

之后的就拜托给大家了！

Pm

不顾家庭一心工作的类型。

捕鱼量

防止对方反驳的三个法则

“今天的会一定要开得顺利。”

要使会议顺利进行，有一个好方法，那就是在会议进行时，我们要擅于揣摩在场各位的心理。

美国心理学家斯汀泽根据自身经验，将会议进行时容易发生的状况总结为“斯汀泽现象”，具体表现为：

1.相互对立的两个人会坐在正对面；

2.反驳容易出现在发表意见之后；

3.领导能力强的人容易和旁边的人说话，领导能力不强的人容易和对面的人说话。

如果把这个反过来加以利用，就可以防止他人对你的看法进行反驳。

首先，为了尽量缓解对立情绪，不要坐在可能会反驳你的人的正对面。

其次，应事先询问好支持你意见的人，并请他们在你发言后发表赞成的、肯定的意见。通过这两种做法，就能够最大限度地防止“我很容易会被反驳的会场气氛”。

最后，我们还可以根据会场中每个人就座的位置来了解他们的心理。

请看下一页的图。一般来说，想主导会议的人会坐在1或3的位置。尤其是想发挥领导能力并引起关注的人会坐在1的位置，以便和其他人更好地交流。与此同时，调整会议进程的人会坐在3的位置。此外，坐在2和4的人对会议的态度不是很积极，也不很想引人注目。

嗯……我该坐
在哪里呢?
2
3
4
1
会议
1
2
3
4

“公平”和“平等”哪个更合理？

人们之所以努力工作，是因为对报酬有一种期待。对此，你如何看待？

努力学习取得了好成绩时会得到表扬，努力工作提高了业绩将有望涨工资……**正是因为有“期待”才会更努力，这是一般人都有的心理。**

然而，对于报酬的分配存在两种截然不同的看法：一种认为报酬的多少与个人的努力和付出无关，应进行平均分配；另一种则认为报酬的多少与个人付出应当成比例，相应地要进行公平分配。

要说这两种分配方式哪一种更合理，不是一两句话就可以解释清楚的。提倡公平理论的亚当斯认为，如果人们觉得自己获得的报酬少于自己的付出，就会减少自己的付出来适应得到的报酬。

也就是说，当人们发现“我那么拼命地努力，最后却得到这么一点报酬”时，就会根据所得报酬减少工作量以求获得一种心理平衡，于是劳动积极性也会随之下降。尤其是强烈感觉到“不公平”时，即得知比自己付出少的人却得到了和自己一样甚至更多的报酬时，人的积极性会严重受挫。

因此，“公平感”确实是一个特别值得注意的方面，公司的上司自不用说，育有好几个孩子的父母以及其他处于支配报酬、褒奖地位的人都要加以重视。

“社会惰性”

“社会惰性”，又称“社会惯性”，表现为社会成员的消极落后、不愿轻易改变其生活习惯或工作习惯等。突出特征为知足、保守、安于现状、对新事物无兴趣、停滞不前等。这个概念起源于德国的心理学家林格曼，他在研究中首次发现，团队成员的平均贡献率会随着参与人数的增加而减少。

今天是
大丰收！
今天可不
行啊！
平等
同样多的报酬
不公平！
好幸运~
公平
根据付出得到报酬
这次我真的
很努力啊！
下次不努力可
就不行了！

少数服从多数

对他人的意见说“NO”，是一件非常需要勇气的事情。每个人不是都有过这样的经历吗？虽然意见略有不同，但是觉得能同意就同意，尽量不让自己太突出。在这种心理的作用下，人便会选择与他人保持一致。

像这样，对自己的意见和信念不够坚定，而是附和他人的行为被称为“从众行为”。波兰裔美国社会心理学家所罗门·阿希做了以下实验，证明了“从众行为”。

他给被试者展示了下一页中的图，请他们从B、C、D三个选项中选出一条和A一样长的线。当被试者为一个人时，回答的正确率为99%。然而，如果故意先找几个“托儿”说出错误的答案再请被试者作答，正确率将只有24%。不仅如此，如果这个“托儿”是熟人，据说被试者回答的正确率更低。

有一句俗语叫做“胳膊拧不过大腿”，即很多人会不自觉地想和多数人保持一致。像这样容易从众的性质就被称为“从众性”。

如果想得到周围人的支持，利用“从众性”也会很有效。例如，首先大声说出自己的意见的人可以创造出以自己为中心的“从众性行为”。

然而，在任何组织或团体中，都会有“从众性”很低的人存在，他们通常被称为“独狼型人”。不论何时，我们都不要忘记他们可能会说出一些意想不到的反驳意见。

A
B
C
D
和A一样
的是C！
对，是C！
是C。
嗯？我觉得
是D啊！也许
真的是C?
嗯，是C。

全体一致才是最危险的

前一小节介绍的“从众行为”如果过度了，会很危险。

如果每个人的从众行为都很强，会倾向于让自己的想法和意见与团体保持一致，使得整个团体缺乏不同的思考角度，不能客观地进行分析，以致形成“团体迷思”。

陷于团体迷思时，即使有人表明了反对的立场，也很难挽回局面。结果，即使存在错误和问题，也会被疏忽，于是就这样一错到底了。这就如同大家都坐上了一辆刹车失灵的车，等出现问题时所有人都会受到牵连。这也是“团体迷思”的可怕之处。

美国心理学家詹尼斯认为具有以下特征时容易陷于团体迷思。首先，在优秀、团结的团体内产生了乐观情绪。其次，过于团结会导致当时的气氛不易被打破，大家容易相互达成一致的意见。再次，正如之前所说，尽管团体有很高的危险性，但是容易创造出一种期待成果的“冒险迁移现象”。最后，有时候比起获得很大的成果，团体会陷入一种寻求坚实路线的谨慎迁移。

詹尼斯认为，之所以会陷入“团体迷思”并不是因为愚蠢，而是因为由优秀产生的自信容易变成“盲目自信”。要想避免失败，创造一种认真听取每个人意见的气氛是非常重要的。

“布里丹毛驴效应”

决策过程中犹豫不决、迟疑不定的现象被称为“布里丹毛驴效应”。布里丹是大学教授，他的出名主要在于据说他证明了在两个相反而又完全平衡的推力下，要随意行动是不可能的。他举的实例就是一头驴在两捆完全等量的草堆之间是完全平衡的。既然驴无理由选择吃其中哪一捆草，那么它永远无法作出决定，只得最后饿死。

我们这么优秀，聚在一起没有完不成的事情。
好像出错了，可是没法说出来。
过度自信会导致危险的“团体迷思”
盲目冒险可能会导致失败！
还是按照以前稳健的方式来做吧！
虽然这份工作有风险，但是有这样的成员肯定没问题。

潜伏心理术小结③

- 情商高的人，能设身处地了解他人处境，感受和理解他人的情感，进而有助于抓住周围人的心并建立起良好的人际关系。
- 第一印象远要比我们想象的还要牢固，而且最初的印象会决定整体印象。
- 第一印象会成为我们的“标签”，之后人们会根据这个标签来审视我们。
- 试图说服他人时，可以根据对象的不同采取“一面提示”或“两面提示”，而且还可以调整说话顺序，采取“高潮法”或“低潮法”。
- 想和某人拉近心理距离时，可以运用“午餐技巧”，对方会将享受美食的愉悦感带入到对你的评价中。
- 要发挥少数派影响，可以采用“霍兰德策略”或“莫斯科维茨战略”。
- 对于无故拖沓的下属，可以让他做出“公开承诺”，这样他就只能应声去做。
- 运用“社会测量”，可以了解团体中的结构和势力关系，从而更好地管理团体和避免不必要的麻烦。
- 根据“领导行为PM理论”，“好上司”的类型会根据目的和情况发生变化。
- 防止对方反驳有三个法则；很多人会不自觉地想和多数人保持一致，即具有“从众性”。

第4章 更好地掌握处世技巧

提高阅读表情的能力，了解关系不同个人空间的大小也不同，根据接近度不同采用适当的遣词造句，记忆人脸时注意显著特征，要试着和熟悉的陌生人打招呼，明白目击者越多伸出援手的人越少的道理……这些都是处世中必须掌握的技巧。

检测阅读表情的能力

社会是由许多复杂的人际关系构成的。人们生活在由家人、亲属、学校的同学和老师、公司的同事和上司，甚至是附近经常光顾的商店的店员所构成的各种各样的人际关系中。根据与他们的亲密程度、距离感和相互关系的不同，我们与之交往的方式以及情感的表达都会有所差异。

要想处理好这些关系，社交技巧就显得非常重要了。“**社交技巧**”是指能够与周围人顺畅地交流并能够建立起良好人际关系的技巧。

在与周围的人交流时，**要想读懂对方的心，不仅要通过外在的对话，还不能放过每一个线索**。像视线、动作、声调、语速以及话语间是否停顿等，都能在细微之处传达出多种感情，从中我们可以洞悉出一个人的深层心理。

下一页的表格中随机罗列出了去朋友家做客时对方“欢迎我们的线索”和“不欢迎我们的线索”。现在，请试着回答这些线索中哪些代表“欢迎”，以及哪些代表“不欢迎”。

正确答案是：1、2、5、7、10、12、16、19、20、22、23、26、27代表“欢迎”，其他的则代表“不欢迎”。

那么，你的社交技巧如何呢？测试结果和你预想的一样吗？

“照镜子效应”

心理学中有个“照镜子效应”，意思是在人际交往中，我们以什么样的态度和行为对待别人，别人往往也会以同样的态度和行为给予反应，恰似我们站在镜子面前：当我们微笑时，镜子里的人也微笑；当我们愤怒时，镜子里的人也愤怒。这条心理学规律在生活中是非常重要和具有预测性的。

"欢迎"还是"不欢迎"？你了解对方的想法吗？

1. 开门时，他一直注视着你的脸。
2. 聊天时，对方静静地坐着，除了随你的动作而动外基本没有其他动作。
3. 当你说话时，对方一直闭着眼睛，或者眼睛一眨一眨的。
4. 眯起眼睛。
5. 模仿你的动作和表情。
6. 虽然没说什么有趣的事情，对方却在发笑。
7. 动作自然而放松。
8. 当你说话时，对方总是闲不住，要么摆弄桌上的物品，要么打开抽屉。
9. 掸掸上衣或裤子上的灰尘。
10. 脱掉上衣，解开外套的扣子，松松领带。
11. 虽然不必要，却会戴上眼镜。
12. 端正地坐在那里，时而前倾，时而后仰。
13. 留海挡住了眼睛。
14. 双手抱在脑后。
15. 洋洋得意地看表。
16. 接受文件的时候，身体靠向你的一侧。
17. 歪着头和身子，转向身后。
18. 用手不停地触摸头、头发或者鼻子周围。
19. 没有环抱胳膊，而是双手分开，放在桌子上。
20. 没有用手挡住嘴和脸，坦然面对你。
21. 一直站着。
22. 将座位移到更宽敞的地方。
23. 把桌上的烟灰缸或者咖啡杯等物品都拿走。
24. 对你的话点头三次以上。
25. 说话的时候来了电话，对方微微一笑示意一下，就急忙接起电话。
26. 对方会展示一些家人的照片、自己感兴趣的东西等很私人的物品。
27. 说话的同时轻轻触碰你的身体。
28. 摆手打断谈话。

身体距离近了，心就近了

和他人在一起时，保持什么样的距离是一个非常微妙的问题。和陌生人这么远，和朋友这么远，和恋人这么远……人们总是在潜意识中根据对方和我们关系的不同划上不一样的分界线。

比如，在空空的公车或电梯里，突然有一个陌生人坐在或走到你身旁，你会有什么感觉呢？你大概会想："他想干什么？"而且，心里还会觉得有点不舒服。遇到这种情况，大部分人都会为了保持距离而换个座位或者赶紧下电梯。其实，之所以会出现这样的举动，是因为对方侵犯了你的私人空间，让你感到不舒服、不自在和不高兴。所谓"个人空间"是指个人在自己周围所拥有的拒绝他人侵入的空间。这个距离会随着对方和我们关系的不同而变大或变小。

请看下一页的图，这是文化人类学家爱德华·霍尔所制作的"个人空间表格"。据此我们可知，在满员的公车里或拥挤的大街上，人会感到压力是因为图表中所说的亲密距离即与恋人或家人等很亲密的人接触的距离内，很少有陌生人进入。

关于个人空间，**相比女性，男性具有"想要宽广空间"的要求**。实验表明，如果在一个狭小的屋子里同时有几位男性或者同时有几位女性，女性之间的气氛会很友善，而男性会变得好斗、富有攻击性和易怒。

根据八种距离，我们能了解对方的心理

亲密距离（近距离）0～15cm	属于非常亲密的两个人之间的距离。以爱抚、格斗、安慰、保护等为目的，相比语言，通过身体接触交流的情况更多。
亲密距离（远距离）15～45cm	手能够到的距离，当然也是非常亲密的两个人之间的距离。公车里如果有人接近这个距离，我们会感到压力。
个人距离（近距离）45～75cm	伸手就可以够到的距离。对恋人和夫妻来说，这是自然的距离。如果有别的异性进入这个距离，会产生误会。
个人距离（远距离）75～120cm	双方都伸手才能够到的距离，是传达个人事务时所保持的距离。
社交距离（近距离）120～210cm	身体难以接触的距离，和单位同事保持这样的距离很合适。
社交距离（远距离）210～360cm	在正式场合讲话时所保持的距离。这样的距离可以让我们在做事时不用考虑是否会打扰他人。
公众距离（近距离）360～750cm	虽然难以看到表情变化，但可以进行简单的交流。可以提问和回答。
公众距离（远距离）750cm以上	演讲或者演说时所保持的距离。很难进行一对一的交流。非常需要肢体语言的配合。

遣词造句也因人而异

恰当地遣词造句是非常难的事情。用词上很小的错误就有可能招致误解，或者让人和人之间变得疏远。要说人际关系的好坏和措辞有一定的关系，这一点都不为过。

要确认自己的遣词造句是否得当，首先应当关注自己和对方的心理距离属于哪一种，也就是“接近度”如何。比如，和上司、长辈的“接近度”与和家人、朋友的“接近度”存在很大差别。如果都不知道这些，就用随意的口气和应当尊重、敬重的人说话，会让他们觉得“你真是个不懂礼貌的人”。相反，如果用正式的口吻和亲近的人说话，又会让人觉得“他可能不喜欢我”。由此看来，**准确把握讲话的“接近度”，在社会生活中至关重要**。

我们再来看一个例子。如果把“我觉得我应该和你吃顿饭”改为接近度比较高的说法，那就是“我想和你吃顿饭”。如果将称呼换为昵称，接近度会更高。再比如，把“我不明白，你就教教我吧”改为接近度比较低的话，那就变成了“我能问您几个不明白的地方吗？”或者“我遇到了不明白的地方该怎么办呢？”由此看来，接近度低的说法是一种会拉开自己和对方的距离、并显得很有礼貌的说话方式。

“自己人效应”

所谓“自己人”，是指对方把你与他归为同一类型的人。“自己人效应”则是指对“自己人”所说的话更值得信赖、更容易接受。说服别人按照你的建议去做时，可以发挥“自己人效应”，让人们喜欢你，从而避免好的建议遭到拒绝。具体实施时，应强调双方一致的地方，使对方认为你是“自己人”。第二，努力使双方处于平等的地位，缩短两个人的心理距离。

求人办事时，改变“接近度”的10种格式

1 命令型
快把这里打扫干净！

2 目的型
扫这里！

3 不行动责备型
你没扫这里吧？

4 直接请求型
麻烦把这里打扫了！

5 意向询问型
能把这里也扫了吗？

6 愿望型
我想让你打扫一下这里！

7 提议型
能打扫一下这里吗？

8 自我行动型
我把这里也打扫了吧！

9 从自身找原因型
我没有时间打扫这里了！

10 从对方找原因型
你打算怎么打扫这里？

记忆为什么不可靠呢？

“今天，我和一个曾见过一次的人约好见面，结果认错人了，真是太没面子了。”像这样让人尴尬的事情时有发生。那么，记忆为什么会出错呢？

记忆会经过识记、保持、回想和忘记四个过程。其中，“识记”是指识别并记住某个信息的过程，即把经常见到的一张面孔记成A的过程。“保持”是指将记住的信息保存起来的过程，将A的面容和名字对应起来就是这个过程。“回想”是指取出已经保存好的信息。最后，“忘记”是指忘掉那些不再需要的信息。

这四个阶段中容易出错的是“回想”。“回想”包括播放、再认识与再构成三种方法。播放是指在没有任何线索的情况下唤醒记忆，再认识是指从几个候选记忆中选出正确的记忆，而再构成则是指将构成记忆的几个要素串联起来。

以开头所说的情况为例，当事人要从会面场所的许多人中对记住的A进行再认识。这个过程看起来很简单，其实在“回想”的四个阶段中是最容易出错的。

假设在记忆A的时候，我们记住的是一个戴眼镜、脸圆圆的人。再认识时，如果有相似的人，就容易将他认成A。也就是说，如果没有什么特征，就容易被相似的信息干扰，使自己的记忆变得模糊不清。

忘记也同样重要

对于人来说，“记忆”非常重要。实际上，“忘记”也同样重要。如果我们无法忘记以前的痛苦经历，总是背着伤痛过日子，时间长了，痛苦的经历多了，心就再也无法承受了。在我们的记忆系统，还有一个强大的功能，那就是会选择那些不好的记忆主动去忘记。

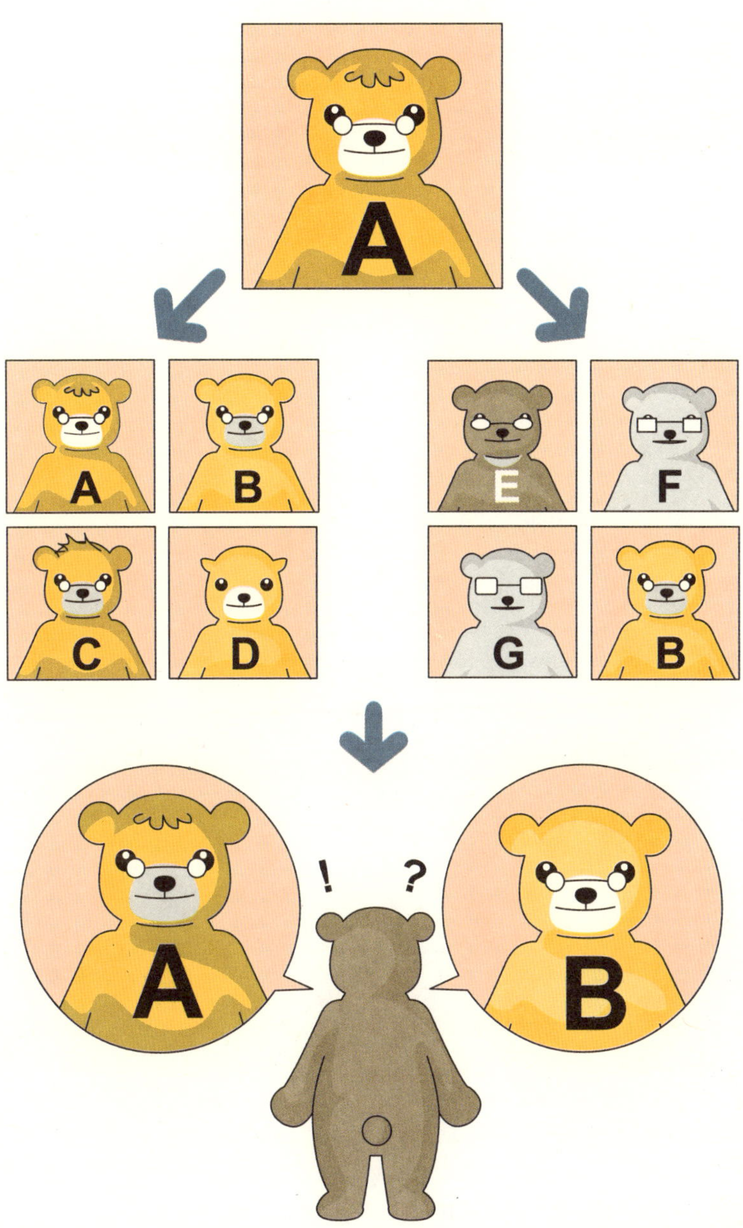
A
A
B
E
F
C
D
G
B
A
!
?
B

记忆他人面孔时注意特有信息

怎样做才能准确记住他人的面孔呢？

如能应用“**孤立效应**”会很有效果。所谓“孤立效应”是指与众不同的特征容易被记住。

我们再来看上一个小节的例子。即使记住了“戴眼镜、圆脸”这样不是很明显的特征，回想时也很难将正确的记忆和正确的面孔联系起来。那么，如何记忆效果更好呢？如果能发现他的“鹰钩鼻，大嘴巴”等这样突出的特征，就很容易记住他的面孔了。

也就是说，记住了那些和他人一点也不相同、属于本人特有的信息，当再认识时，回想起正确信息的概率会很高。因此，在记忆面孔时，如果能发现那个人的显著特征，记忆时就非常容易了。

比起记忆整个面孔的样子，记住一个人非常突出的特征，比如小耳朵，下巴上有颗痣，太阳穴那里有个小伤疤等，会更方便记忆。

话虽这么说，总有人会没有任何突出的特征。此时，如果把他面孔全貌的印象和这个人联系起来记忆就非常有用了。比如，初次见面时若觉得他是“一个开朗的人”，之后只要想起“开朗”、“精神”这些关键词，就很容易联想起他的面孔了。这叫做“**信息处理优势效应**”。

“平均脸”

有一种说法认为，人会根据平时的经验建立一个“平均脸”数据库，并无意识地将某人的脸部特征储存起来，比如A君的眼睛比“平均脸”的眼睛小、嘴巴比“平均脸”的嘴巴大等等。具有个性的脸与“平均脸”的差异较大，相对比较好记，而对于接近“平均脸”的脸，我们也会寻找其中的个别特征进行记忆。

嘴的周围
是白色的
前额的头发
软软的
身体是
茶色的
很精神，
很爽快的
一个人！

熟悉的陌生人

虽然不知道对方的姓名和性格，但为什么会有一种似曾相识的感觉呢？你身边也有这样的人吧？

比如，每天早晨在上班乘坐的公车上能见到的人，或者在吃饭的餐厅能够看到的人，都是我们每天都能看到的陌生人。心理学中把这种经常见面的陌生人称为“熟悉的陌生人”。

通过美国心理学家米尔格拉姆的试验，我们了解到这样一个事实：

在上班高峰期拍摄一张地铁站台的照片，并在下周同一时间拿给乘客看，结果几乎每个人都能在这张照片中找到四个“熟悉的陌生人”。而且，对于这些熟悉的陌生人，人们都抱有兴趣和某种关心。

比起那些相互见过面却根本不认识的人，人们更容易和熟悉的陌生人接近。有时在危急关头，他们还会成为自己依靠的对象。

2003年8月，在美国、加拿大等国的东部沿海地区出现了大面积停电。由于停电发生在傍晚，许多人都被困在了地铁和电梯中，结果引起了大规模的混乱。据说当时有很多熟悉的陌生人通过相互交换信息和相互鼓励来保持镇静。

最后要说的是，我们要鼓起勇气，试着和每天都见面的熟悉的陌生人打个招呼，说不定会和他们建立起相当不错的关系。

这是每天和我坐
同一趟公车的人！

围观有“吸引力”

请看下面这个问题：

走在大街上，突然看到前方有很多人聚集在一起，而且都朝着同一个方向张望。此时，你会采取什么行动呢？

大部分人可能都会朝那个方向望去，而且停下来仔细观看的人也不在少数。实际上，这是心理学家米尔格拉姆所做的一个心理实验。结果表明，当有两三个人围观时，会有六成的路人停下来凑热闹；当有五六个人围观时，会有八成的人驻足观看。

像这样，附和周围人行动的心理叫做“从众心理”。在饭店，经常会有店内顾客引来店外顾客的事情，这也是从众心理的一种。正是看到店内有很多顾客，店外的顾客才会追随而来。

不过，这里所说的群众和集体不一样。“集体”是指学校和公司等为了相同的目的聚集在一起、相互之间会产生联系的群体。与此相对，“群众”是指偶尔聚集在一起、没有共同目的的群体。

群众之间信息传递的能力较弱，而且彼此之间不太会抑制自己的情感，所以可能会因为某个导火索就演变为恐慌或暴力事件。再者，他们相互之间的关系比较淡薄，当无法控制自己的感情时，会有一种想做什么就做什么的冲动。

在由于灾难或内战而秩序混乱的地区，频繁发生盗窃等犯罪事件和暴乱事件，这和群众所拥有的攻击性也有很大关系。

那里出什么
事情了？

你真的想买减价品吗？

女性最爱大减价。只要看到“SALE”或“30% OFF”的广告，就会有不少女性被吸引过去。

其实，这也是受到从众心理影响才有的举动。被商店的促销海报所吸引，或看到店内出售便宜的商品时，某些人立刻会觉得“不买就亏了”。如果再写上“限定多少人购买”、“只限日本境内销售”等，对人心理产生的影响会更大。就像这样，在“不买就会后悔”心理的作用下，人们会感觉“非买不可”。

然而，兴致勃勃买回的商品，等回家后冷静下来再看，其实不买也未尝不可。而且，这种事情还屡屡发生。

急切地购买减价品和从众行为有很大的关系。在大多数人看来，和自己的意愿相比，采取和别人一样的行动更重要。如果聚集起来的多数人采取一致的行动，自己想不和他人一样都很难。

利用这种心理来促进销售的策略有很多。例如，通过煽动性的话语引发顾客的兴趣并吸引他们来购买的示范出售，通过在商店门前摆放“前十位顾客有礼品赠送”的广告等方法。这些都是容易引发人们从众性行为的有效方式。

实际上，很多人的确容易被这样的广告和销售策略吸引。与之相对，不想浪费的人在买东西前会经常问自己：“我真的想买吗？”或“我真的需要这个东西吗？”很多时候，他们会在购物前罗列出要去哪儿购买什么物品，除了认定的商场和商品外，不再留恋别处或贪恋其他物品，这些对防止浪费都是非常必要的。

队尾
只限前200名！！
人气很高的蛋糕正在限量销售啊！
哇！！！这个一定要买！
不买就亏了！

目击者越多，援助越少

在美国，曾发生一起女性在公寓内被杀的案件。据警察说，案件发生时公寓内的多名住户都听到了这位女性长时间的呼救，然而却无一人报警。事实上，所有听到呼救的住户都认为，如果有人报警，这位女性很有可能获救。可是，为什么没有人实施帮助行为呢？又是什么原因抑制了帮助行为呢？

心理学家拉特纳和达利曾做过一个类似的实验。他们将参加实验的人（受验者）分别置于独立的房间中，然后请他们戴上耳机，通过麦克风举行讨论会。在讨论会开始不久，心理学家会安排一个人假装哮喘发作，而受验者可以通过耳机知晓这一情况，通过这样一种方法来调查最后有多少人会帮发病者向会议主办方求救。实验结果表明，受验者人数越多，帮助行为越少。

这个现象在心理学中被称为“**旁观者效应**”，即受验者都觉得会有其他人帮助他（“责任扩散”），从而导致了最终无人施救的结果。还有的受验者会担心如果自己帮助他了，结果却什么都没有发生，那样会很丢脸（“听者抑制”）。此外，还有一种心理，那就是觉得“其他人都没去帮忙，应该没什么大事”（“多数人的无知”）。以上这些抑制性心理会发挥多重作用，从而抑制帮助行为的发生。

然而，如果大家相互认识，“旁观者效应”就不会发生作用。正是因为“看着朋友被杀会让我难为情”（“**利他的自我形象**”）这种心理的影响，人们才会实施帮助行为。

最近一段时间，经常发生暴力事件。我不知道大家什么时候可以站在同一立场上一起去帮助他人。我期望大家都能拥有帮助他人的心理。

救命啊！
责任扩散
会有其他人帮助他的！
多数人的无知
其他人都没去帮忙，
应该不是什么大事！
听者抑制
如果我去帮他了，结果
什么都没发生的话，
那可太丢脸了！

怯场是因为太在乎他人的眼光

不论在结婚典礼上送上祝词，还是在会谈时发表讲话，很多人只要在众人面前说话就会感到非常紧张。对于这种紧张，每个人都有自己不同的感受，有的人会感觉“很愉快”，而有的人会觉得“是一种痛苦”。

倘若有人感觉“这真是一种无法承受的痛苦”，害怕“会让对方不高兴”，又或者紧张得手脚发抖的话，那就有点严重了。当事人很有可能患上了“社交恐惧症”。

“社交恐惧症”俗称“对人恐惧症”，是指不论在众人面前做什么，都会感到十分紧张，以致无法正常行动的心理疾病。“社交恐惧症”中包括在众人前就会脸红的“赤面恐惧症”，说话时结结巴巴的“口吃恐惧症”，很在意周围人眼光的“视线恐惧症”，以及过分关注自己表情和动作的“表情恐惧症”。

这种病症的根源在于自己过分在乎“他人的看法”。虽然每个人都是在他人的眼光下生活的，但是过分关注他人的眼光，会造成“对人恐惧症”。患有“对人恐惧症”的人中大多是十分认真的完美主义者，他们十分在乎他人的评价，并容易因此过度紧张。

要想摆脱社交恐惧症，就要将自己从他人的眼光中解放出来，这一点至关重要。不过，这恐怕不是一件简单的事情。患者需要借助心理咨询，严重时还要配合吃药，此外还要参加一些学习与他人交流的课程，这些才是最佳的治疗手段。

赤面恐惧症
在众人前就会脸红
口吃恐惧症
说话的时候结结巴巴的
那个
那个
那个
那个
那个
那个呀
社交恐惧症
表情恐惧症
过分关注自己
的表情和动作
我的表情很
奇怪吧?
我的行为很
奇怪吧?
视线恐惧症
很在意他人的眼光

妄加断言是歧视的表现

在团体中，有的人会因为某一“标签”而被归入一类。比如，“他是某某大学某某专业毕业的，那肯定适合营销方向了”，“某某县的人总爱谈论钱”，“某某星座的人对异性没什么感觉”等，像这种简单的划分方法都是评判他人时常用的方式。

实际上，即使是同一所大学同一专业毕业的学生，并不都适合营销方向；以对某一个县的感觉来判断一个人对金钱的看法也是不准确的。当然，出生在同一个月份的人其恋爱观也不可能完全相同。然而，我们有时就是会接受这种没有道理的划分方法。

像这样，通过某个人的特点就判定所有人都具有这个特点的现象被称为“刻板印象”。“**刻板印象**”源自下意识地将某个团体简单化并对其进行把握的心理，其中表现出了一种想把复杂的人际关系简单化的愿望。然而，如果这种心理过火的话，会导致歧视和偏见产生。

比如，纳粹掌权时期，犹太人之所以惨遭杀害就是因为“刻板印象”。像这种整个社会对某个社会群体的歧视被称为“**社会烙印**”，而“社会烙印”这个词源自“古希腊奴隶身上的烙印”。可以说，“社会烙印”与非常危险的社会排斥有密不可分的联系。

暗示效应

暗示效应是指在无对抗的条件下，用含蓄、抽象诱导的间接方法对人们的心理和行为产生影响，从而诱导人们按照一定的方式去行动或接受一定的意见，使其思想、行为与暗示者期望的目标相符合。生理学家巴甫洛夫认为，暗示是人类最简化、最典型的条件反射。

住在对面河岸
上的那些家伙
真没礼貌！
那个岛的居
民都是一帮
暴徒！

难以理解的恶性事件背后

这十年间，在日本国内，凶残的犯罪行为不断增加。不明理由的杀人事件和暴力行为，以及无法将犯罪动机和被害人联系起来的案件已不是偶然。生活在这样一个社会中，总想着有可能会卷入此类恶性事件，这的确是一件很悲哀的事情。

在日本，神户的连环儿童杀人事件、左贺的公共汽车劫持事件等都将许多没有联系的平民当成了犯罪目标，而制造这些事件的暴徒都有一个共同点，那就是患有现在经常说到的“行为障碍”。

所谓“行为障碍”，是指从少年到青年的一段时间中表现出来的一种心理障碍，它的特征是心安理得地伤害他人或小动物，或者做出损坏他人物品和财产等反社会的行为。

这类人自身的成长经历中存在很大问题，其中以男性的数量居多。不过，导致行为障碍的具体原因目前还无法准确把握，而且在同一种环境下，有的人可能会出现行为障碍，而有的人则不然。

有关人士指出，如果放任“行为障碍”发展下去，当事人极有可能会形成“反社会型人格障碍”，而这是年满18周岁的人所具有的一种心理障碍。它表现为对他人造成很大的麻烦甚至伤害到他人也不会内疚，不遵守法律也不会感到良心受到谴责等，由此形成一种具有攻击性的、冲动鲁莽的人格。

许多年前，我们还很少听到有这样一类心理障碍，而如今患病的人数却在不断增加。

“行为障碍”的判断标准（根据美国精神医学学会DSM-IV制定）

以下15个项目中，如果有3项以上在过去的12个月内发生过，或者有1项在过去的6个月内发生过，就可以视为患有“行为障碍”。

1. 经常欺负、强迫、恐吓他人。
2. 经常和人扭打在一起。
3. 用刀或者球棒等对他人身体造成严重伤害。
4. 虐待他人。
5. 虐待动物。
6. 心安理得地偷盗。
7. 强迫与他人发生性行为。
8. 放火并造成重大损失。
9. 故意损坏他人的物品。
10. 闯入他人的房屋、汽车等。
11. 为了自己的利益而骗人。
12. 进行偷盗或者造假。
13. 尽管被父母禁止，仍然夜间外出（不满13周岁）。
14. 至少两次擅自夜不归宿，或者至少一次长期离家出走。
15. 旷课或者经常不认真学习（从13岁之前开始并一直持续下去）。

沉迷于博客的网络依存症

因特网和电子邮件已经深入到我们的生活之中。一个家庭中，从孩子到老人，几乎每个人都会利用网络让生活变得更舒适。

这其中，被称为“博客”的网络日志已受到各个年龄段人们的欢迎，并被广泛利用。根据日本总务省的调查，2006年日本有868万人在使用博客，而使用一种叫做“社会性网络服务”的会员制网络服务的人也大幅度增长了716万人。

通过“博客”，个人日记的公开变得非常简单，由此还能获得他人对自己日记的评价。在这个互动的过程中，每个人都能享受到网络交往的乐趣。与此同时，人们还可以与网上很多志趣相投的陌生人成为朋友。

很多“博主”每天都会更新日记、照片或者自己画的画，展示给他人或秀出来，请他们发表评论和感想。通过这样一种方式，“我想让他人知道我”、“我想让他人承认我”这种认知欲望和“我想和他人建立联系”这种亲和欲望也能得到满足。

像这种通过网络进行的交往，可以实现“自我告白”。也有很多人认为**通过网络可以缓解生活中的压力和忘掉不顺心的事情**。

不过，也有不少人过分沉溺于这样的事情。他们非常关注自己日记的点击率和评论数，而且要经常查看，否则就会坐立不安，以致形成了“网络依存症”。

患有“网络依存症”的人喜欢在网络上聊天，胜过在现实生活中开口说话；坐在电脑前上网的时间，超过上床抱着枕头睡觉的时间；甚至只有在触摸到键盘和鼠标的时候，才会感觉到毛细孔的存在。

黑熊日记
个人资料
2007.4.1 新年度
存档
2006,12 (25)
2006,11 (30)
2006,10 (31)
2006,09 (30)
2006,08 (31)
可能有人已经发表了评论，得赶快回家查看一下！
嗯，还不能忘记看一眼白熊和棕熊的博客！
这可是证据啊！一定得照张相，还得再写一篇日志，要么这一天可不完整啊！

潜伏心理术小结④

- 想读懂对方的心，需要提高阅读表情的能力，而且不能放过任何线索。
- 人们总是在潜意识中根据对方和我们关系的不同划上不一样的分界线。
- 应根据对方和自己心理距离的远近（即接近度的不同），来恰当地遣词造句。
- 记忆会经过识记、保持、回想和忘记四个过程，其中最容易出错的是“回想”。
- 记忆他人的面孔时，应注意其显著的特征，这样回想起正确信息的概率会很高。
- 比起那些相互见过面却根本不认识的人，人们更容易和熟悉的陌生人接近。
- 人有一种附和周围人行动的心理，即“从众心理”。例如，急切地购买减价品和从众心理有很大的关系。
- 群众之间信息传递的能力较弱，会因为某个导火索就演变为恐慌或暴力事件。
- 受“旁观者效应”影响，目击者越多，愿意伸出援手的人越少。如果是熟人，会因为“利他的自我形象”影响，主动实施帮助行为。
- “社交恐惧症”的出现是因为太在乎他人的看法，而妄加断言是歧视的一种表现。

第5章
解开心中的谜

颜色是反映心理状态的镜子，因为遭受打击会导致心理创伤，适度的自卑使人成长，工作狂易患心脏病，依赖症是内心的呼救，心理压力过大会导致抑郁症，“宅”也隐藏了心理疾病……读过本章，帮你解开心中的不解之谜。

颜色是反映心理状态的镜子

众所周知，颜色会对人的心理产生影响，例如红色有令人兴奋的作用，绿色具有疗愈效果等。

第一个提出颜色对人的心理有影响的人是德国文豪歌德。他在1810年的著作《色彩论》一书中说到“人是如何感受颜色的”，例如黄色表现出“积极、强势、热、近”，蓝色表现出“昏暗、弱小、冷、远”。这些性质都是每种颜色所特有的，在某些情况下还是相对的。

不过，当时大家都只关注了牛顿运用科学的论据进行解释的“科学色彩论”，而歌德主张的“色彩论”的影响力就显得非常小了。

之后，瑞士的心理学家马克斯卢斯彻认为，**对颜色的喜好可以反映一个人的心理**。他经过多次实验制作出这样一个独特的色彩心理测试：测试者要从给出的八种颜色中选出最喜欢的一种，而从所选的颜色可以发现他的性格倾向。现在，这个测试作为非常流行的一项心理测试已经在我们的生活中得到应用。

不过，人有时所选的颜色和自己的性格或心理状态并没有直接联系。比如，上班族所穿的西服多为灰色或深蓝色，这是一种从众行为。因为“不想脱离所属团体或者从事的职业形象”，才会如此。正是因为对所属团体有很强的归属感，人才会选择那些自己不喜欢但是属于团体的颜色。年轻人中的流行色也一样，是同样的心理在起作用的结果。

马克斯卢斯彻的色彩心理测试

请从下面的八个颜色中，选出最喜欢的颜色。

稳重且听话。关心人际关系，追求安定、保守的人生和生活。

自尊心强，踏实。顽固，忍耐力强，心底藏着不会动摇的自信。

物欲、征服欲、追逐名利的欲望都很强，而且会积极地满足这些欲望，是自我为中心的乐天派。

开朗且快乐。容易接近。拥有梦想，行动力强，具有野心家的一面。

合作精神强，容易接近。为了他人不辞劳苦。有安全感，十分顾家。

重视直觉和感受。感受能力强，喜欢“自我探寻”。具有浪漫的一面。

总会纠结的理想家。内心隐藏着改变现实的反抗心理。和实干家不同，他们容易放弃。

优柔寡断，对他人十分依赖。从保护自我的防卫意识出发，对周围不太在意。

因为打击而患有“创伤后应激障碍”的人

遭受过绑架、强奸、监禁等伤害的人幸运获救后，即使过去很长时间仍然承受着心理上的折磨。被侵犯之后，人会产生一种叫做“创伤后应激障碍”（简称PTSD）的症状，即由事件造成的心理创伤所引起的严重后遗症。

除了犯罪外，地震、海啸等重大灾难，交通事故、目睹他人死亡、目击犯罪发生等意外事件，像这些日常生活中不可能遇到的冲击，都有可能引发“创伤后应激障碍”。在儿童时代被虐待和经历战争等也会成为PTSD的发病原因。

下一页的表格中罗列出了“创伤后应激障碍”的主要症状。那么，只要被卷入犯罪和事故，人就会产生心理创伤，并患上“创伤后应激障碍”吗？

实际上，并非如此。即使有同样的经历，有的人会患此症状，而有的人则不会。一般情况下，对于患上“创伤后应激障碍”的人会有一种“神经质”、“精神太脆弱”的偏见。其实，**原本很坚强的人更容易患上“创伤后应激障碍”**。因为他们不爱吐露心声，不想被他人看不起，即使遭受心理创伤，也宁愿一个人承受，所以很容易发展为“创伤后应激障碍”患者。

因此，如果自己也遭受了可能会引起“创伤后应激障碍”的心理创伤，不要责备自己软弱，最好的方法是到医疗机构去就诊。

“创伤后应激障碍”的主要症状

1. 自己不再是自己的“人格解体”，感受不到现实感情的“情感解体”。
2. 在日常生活中，因为很小的事情就突然回想起经历过的案件或事故，内心备受折磨。
3. 噩梦和失眠等睡眠障碍加重。
4. 害怕与他人见面，因此待在家里不愿出来。
5. 不再对原来喜欢的事情感兴趣，也不关心任何事情，表现出抑郁症的症状。
6. 会突然呼吸困难，心跳加快，大量出汗。
7. 没有什么特别的原因，就会感到愤怒或者不安，会和他人争吵或者做出一些危险的举动。
8. 对声音反应很敏感，睡觉时因为很小的声音就会惊醒。
9. 没有干劲，无法集中注意力，会放弃工作和家庭。

适度的自卑使人成长

每个人都有因为自卑而烦恼的经历吧。有时感觉自己看起来很可怜，有时因为对他人的嫉妒而烦恼。这样的想法并不奇怪，而这种感情就叫做“自卑”。

虽然这是一种痛苦的情感，但是如果没有它，人类不可能像现在这样繁盛。正是因为怀有“想变得更好”、“不能输给某某”这种想法，人才会积极努力向上，而这些动力的源头都是自卑感。

为了克服自卑，我们会在其他方面加倍努力以期取得成果。比如，我听说有位男性对自己的长相没有自信，于是开始刻苦练习乐器和唱歌，最终成为一名歌手。这叫做“**补偿行为**”。这位男性成功的关键就在于意识到了自己的自卑心理，并通过超越它来使自己得到成长。

如果一个人的自卑感太强，也容易出现问题。这样不仅会使自己极度缺乏自信，还会没有承担责任的勇气。

在成长的过程中，由无意识的、被压抑的感情所引起的自卑会带来更为严重的问题。比如，被狠狠欺负过或者被虐待过的话，人的心理创伤一般很难愈合。当严重到一定程度，还会伴随恐惧、厌恶、罪恶感、强烈的嫉妒心和自卑感等。这样的自卑会导致行动上的问题，并进而引发精神疾病。

虚荣心产生的原因

1.面子观念的驱动：面子行为反映了尊重与自尊的情感和需要，丢面子就意味着否定自己的才能，这是万万不能接受的。2.与戏剧化人格的倾向有关：爱虚荣的人多半为外向型、冲动型，反复善变、做作，待人处事突出自我、浮躁不安。其实，虚荣心的背后掩盖着的是自卑与心虚等深层心理缺陷。

各种各样的自卑

灰姑娘心理

女性想从男性那里获得帮助和保护。抱有依赖欲望和自立欲望两种矛盾的心理。

洛丽塔情结

男性对于还未性成熟的女性所抱有的性爱情感。

白雪公主情结

母亲明知道不应该却仍对孩子施加身体上的虐待，并因此而烦恼。

工作狂易患心脏疾病

总是热心于工作，总想快速提高业绩，一直盼望成为能统帅下属的、积极的领导……这些都是无可厚非的。然而，如果我们身边有这样的人，就要引起注意了。这类人容易患上心肌梗塞、心绞痛等心脏疾病。

美国心理学家弗里德曼注意到，心脏疾病患者都有一个共同点，那就是竞争心强、做事积极、是个急性子。弗里德曼将这样的行为倾向称为“A型行为”。“A型行为”的人经常工作繁多，时间又非常紧迫，总处于不安和紧张的状态。他们还非常在意他人的评价，为了获得他人的好评，会在压力下慌慌张张地工作。然而，这样的行为会增加他们心脏的负担。

我建议“A型行为”的人能稍微休息一下，改变一下做事的方式。这样可以将心肌梗塞和心绞痛的发病率降低一半。

和“A型行为”相对的是“B型行为”。“B型行为”的人缺乏竞争性，不喜欢紧张的工作，爱过一种悠闲松散的生活。他们无时间紧迫感，有耐心，无主动的敌意，而且绝不强迫自己。他们对人宽容，做事稳健，与上司、下属等周围的人都能相处得很好，而且经常十分放松。

在改变A类性格的人做事方式的时候，参照一下B型行为的指标也是很有价值的。

“A型行为”

在现实生活中，有这么一种人，做一件事总想一下子干完，不干完不踏实。他总觉得时间紧张，不够用；走起路来风风火火，上楼梯也是三步并两步；坐公共汽车，遇到交通拥挤车开得慢，他就坐立不安，恨不得把司机换下来自己开……这类人有很强的竞争欲，也有很强的嫉妒心，人际关系也比较紧张。

他人的评价
总是那么优秀，继续努力！
交给我好了！
许多工作
也帮我抓几条鱼！
我的也交给你了！
到明天为止要抓10条鱼！
就包在我身上了！
竞争对手的强大
我可不能输！
A型行为
压力太大，心脏受不了了

好学生多有摄食障碍

一开始单纯想减肥的女性中，有很多会患上“厌食症”和“暴食症”。

“厌食症”又称为“神经性厌食症”，表现为患者没有一点食欲以致无法进食。消瘦之后，患者的体力日渐减弱，如果是女性还有可能出现月经周期紊乱或停经。

“暴食症”又称为“神经性贪食症”。暴饮暴食之后，为了不增加体重，患者会吃泻药或自行催吐，并如此反复。患者还经常过分地担心自己的体型和体重。

以上这两种症状看似是相对的，但患者的初衷都是为了瘦下来。然而，在减肥的过程中，有的人会由“厌食症”转为“暴食症”，也有的正好相反，此外还有两者不断反复的。

那种觉得自己“虽然吃了很多，只要吐出来就不会有什么问题的”的人，要引起注意了。还有一种病症被称为“狂食症”，又称“不饱症”。患者虽然不断地大量进餐，但无饱感，甚至可达到昼夜不停进食的程度。

当然，想减肥的人并不会都患上摄食障碍。那么，什么样的人容易出现摄食障碍呢？答案是那些认真纯朴的优等生，即“好孩子”类型的女生。她们从幼年时代开始，与母亲的关系就存在一些问题。为了回应母亲过多的期待，她们成为了完美主义者，在减肥上也不遗余力。说到根本原因，应当是她们没有受到母亲疼爱的缘故。艰难的幼年时代让她们的心理状态极不安定，于是产生了想控制自己身体的愿望。

暴食症
（神经性贪食症）
想瘦下来！！
吃饭吗？
没有食欲，
不吃了！
厌食症
（神经性厌食症）

依赖症是内心的呼救

有很多会损害我们身体的依赖症，例如酒精依赖症和药物依赖症。这些依赖症的产生都源于心理问题。

导致“依赖症”出现的原因是“沉溺”。所谓“**沉溺**”是一种想进行某种行动或者接受某种刺激的心理状态。为了摆脱过度的压力和逃避现实而产生的“嗜好”，在不知不觉中就让人难以自拔。比如“喝点小酒”的心态会变成“不喝就难受”，“因为感兴趣才想试试毒品”会变成“不吸就难以自控”。这就是“沉溺”，即人们会依赖的对象。

人们会依赖的对象不仅包括像酒精、药物这样的“**物质成瘾**”，还有依赖于赌博、购物等行为的“**过程成瘾**”。

对人际关系产生的依赖被称为“**共同依存**”。为了在同他人的关系中看到自己存在的价值，人会渐渐依赖于特定的关系。例如，妻子对有家里有暴力倾向和酒精依赖症的丈夫“不离不弃”。事实上，和粗暴且酗酒的丈夫在一起生活，妻子会感到非常痛苦。然而，她却因为“他需要我”、“他本来很和善”这样的借口难以割舍夫妻之情。很明显，她和丈夫的关系就是“共同依存”。她忍受着这样的丈夫，伺候这样的丈夫，并且找到了自己存在的意义。再比如，长大成人的孩子和家长之间的关系很好，甚至好到无法分开，可以说他们之间的关系也是一种“共同依存”。

虽然人们意识到了这些“嗜好”并且想加以纠正，但是仅仅通过一个人的努力是很难完成的，需要借助专业机构的帮助来使自己恢复。

我没采到蜜，都
是你的错！
虽然现在这
样，但他其实
是很和善的人
他还需要我，
所以不能分开

很小的原因就会导致抑郁症

工作中出现问题，或人际关系不顺利，像这样非常小的原因也能让我们的心情很不舒畅。此时，如果能做些自己喜欢的事情，或者饱餐一顿，都能让自己的心情转好，原来的不愉快很快就会烟消云散。然而，如果坏心情持续两周以上，并且做什么都提不起精神的话，就要警惕这可能是抑郁症的前兆。

下一页罗列出了抑郁症的主要症状。虽然每位患者的状况不一，但是都会有“感到悲伤、郁闷”和“干什么都没有动力”这两种症状。只是在这其中，身体不适为主要症状，而抑郁和动力感不强的叫做“假面抑郁症”。即使这类患者接受了内科检查后，没有发现身体方面的病因，也最好提高注意，小心患上抑郁症。

虽然抑郁症的病因有很多，但是心理压力已成为致病的直接原因。工作和人际关系中的问题、家庭问题、生病、搬迁等，甚至是结婚生子、升职等令人高兴的事情，在很多情况下也会成为致病的原因。换句话说，给人的内心造成很大刺激的事情都有可能导致抑郁症。

对任何事情都很认真和诚实的人容易患上抑郁症。因为他们正面接受了内心的刺激，并且想认真面对和处理，于是压力会越来越大。此外，过于在意他人的评价且自我评价低的人也容易患上抑郁症。有这类倾向的人一定要注意，不要强迫自己，以免患上抑郁症，这是最重要的。

抑郁症的主要症状

心理症状

- 经常变得郁闷、悲伤。
- 对于任何事情都没有兴趣，没有干劲。
- 对报纸和电视没有兴趣。
- 容易觉得“自己真差劲”。
- 没有自信，十分不安。
- 判断力下降。

身体症状

- 难以入睡，容易惊醒。
- 没有食欲，觉得食物不香。
- 胃不好。
- 持续头疼、低烧，肩酸久治不愈。
- 性欲减退。
- 头晕、心慌、气喘。

上述病症持续两周以上，即使就诊也无法确诊。

难以倾诉痛苦的"神经症"

由不明原因的惶惶不安导致的各种各样的身心疾病统称为"神经症"。例如，惶惶不安的同时伴随有焦虑的感觉（"焦虑症"），因为头晕或者身体某处的疼痛而烦恼（"躯体形式障碍"），很难感觉到现实生活（"分离性障碍"）等，"神经症"表现为很多种不同的症状。

导致这些"**神经症**"出现的根本原因在于压力等环境因素。这些因素与个人本身所具有的性格和本性相互作用，最终引起了神经症。不过，即使承受着同一种压力，有的人容易患上神经症，而有的人则不会。

如果用一句话来概括容易患上神经症的人的性格，那就是"**无法取得平衡的性格**"。比如，虽然自信心十足，也很要强，但是因为性格上有消极的一面，有时会导致感觉和行动之间无法保持一致。这样的人精神容易变得不安，难以适应周围的环境。

除此之外，我们还能列举出一些神经症的症状。不过，要注意不是说所有"神经质"的人都会患上"神经症"。如果按神经质的人的天性可以在社会上顺利成长，他就会变得认真而谨慎。因为很少失败，他也会得到周围人的广泛信任。

不过，如果成长的过程并不顺利，他就会过分关注自己的事情，以致受到伤害。神经症患者本人特别痛苦，而且往往很难向他人倾诉自己的痛苦。

各种各样的神经症

社交恐惧症

在少数熟人面前说话、办事都会感到不安。因为非常在意会导致脸红和发抖。

广场恐惧症

害怕进入人多的场所。

恐慌症

突然被不明原因的不安所笼罩，会产生呼吸困难、发抖、头晕等症状。

广泛性焦虑症

表现为广泛而持久的焦虑。总是感觉不安、郁闷，而且会感到呼吸困难和头晕。

疑病症

身体很健康，但总是怀疑自己得了重病。

强迫症

纠结于不愉快、不道德的事情，而且经常会回想起那些事情。

癔症

因为压力过大等原因，无法出声或者手脚等肢体出现麻痹症状。

分离性障碍

因为严重的心理伤害或者压力而没有喜怒哀乐、失去记忆、呈现出另一种人格。

“宅”也隐藏了心理疾病

“宅”在家里的人每年都在增加。

所谓“宅人”，是指“整天待在家里，不去学校或公司，也不参加社会活动的人”，而“宅”是一种将亲密的人际关系只限定于家人的生活状态。

据说现在这样的人在日本有120万到160万，年龄从十几岁到三十多岁不等，而且他们特点各异，有的从不迈出家门一步，有的仅限于去附近买点东西。他们“宅”在家里的时间也从几个月到十年不等。总的来说，这种病的症状很难一概而论。

“宅”根据原因不同可以分为两类。第一种是由抑郁症、神经症、学习障碍等**精神疾病导致的“宅”**。另一类的发病原因并不是精神疾病。前者可能会伴有幻觉和妄想症等现象，应当尽早去医院治疗。

后者则被认为是**社会性质的“宅”**。一般我们说到“宅”的时候，多指这样的情形。它的各种特征罗列在下一页上。这样的“宅人”会被周围人批评为“懒”或者“娇气”。虽然本人表现为这样，但其实是因为本人的不安和对社会的恐惧导致他要远离外界的环境。如果这种状态长期持续下去，很有可能会引发抑郁症或者恐慌等精神疾病。假如出现了这种情况，家人的理解和专门机构的帮助尤为重要。

社会性质的“宅”
●有被人欺负或者考试失利的经历。
●二十多岁的人连续呆在家中超过六个月。
●大多数是不肯去学校的人，长此以往就会患病。
●昼夜生活颠倒，经常失眠。
●因为社交恐惧和不安而痛苦。有时会冒出自杀的念头。
……

深信自己难看的"恐畸形症"

原来被视为禁忌的美容整形，现在已经被越来越多的人认可和接受。这大概是因为近年来电视等媒体上经常会出现美容整形的广告，使得原来那种负面的印象渐渐消失的缘故。看看我们周围，简单方便的"双眼皮手术"开始流行起来，有的人做整形美容时的心情就像改变发型一样轻松。

不过，在这种整形美容的风潮中，也隐藏着意想不到的心理疾病。

有的人"不想看到自己难看的脸"，有的人"因为身材不好，不想出门"等，像这样因为过分关注自己的容貌，他们难以开展社会活动。这个现象在心理学中被称为"**恐畸形症**"，属于"神经症"的一种。有这种心理疾病的患者自认容貌、身材都很难看。

不论是谁，对自己的容貌多多少少都会感到自卑，但是在其他方面努力并取得成果的时候，就会克服这种心理。然而，有的恐畸形症患者会因为过分关注容貌问题而拒绝考虑其他事情，例如不外出、不上班、退学、断绝各种人际关系等，严重时甚至会自杀。

"恐畸形症"这种病症的根源在于自卑，患者会因为自己的五官、体型、毛发等各种原因而感到自卑，但是这些问题在他人看来，大多情况下只是很小的缺点并不值得过分担忧。

内心不够成熟的人，会不自觉地为容貌问题自卑，这是"恐畸形症"患者在不断增加的根本原因。不去关注自己的外表，拥有直面自己内心的勇气才是克服这种心理的第一步。

长成这样，根本不能出门！
我辞职！
我谁也不想见！
你这个样子可是相当可爱的啊！
要是不能整容，还不如死了算了！

想工作却无法工作

在20到30岁的年龄段里，被称为“家里蹲”的人越来越多。所谓“家里蹲”，是指“不工作，也不接受教育或者技能培训”的人。根据2005年日本内阁府发布的调查数据来看，“15至34岁，完成学业，未婚且不做家务，也不继续上学的人”，也就是所谓“家里蹲”的人达到了85万。

虽然我们把这样的人统称为“家里蹲”，但是依据根本原因的不同可以划分为很多种。除了“反社会型”，还有只要自己过得好就怎样都行的“不作为型”，无法与社会建立起联系的“宅型”，因为找工作而感到不安的“畏惧型”，一度上过班却迅速辞掉的“受挫型”。

以上这些年轻人还没有真正体会到劳动的辛苦和快乐就唯恐避之不及。而且，这些年轻人的内心经常产生一种被称为“彼得潘综合征”和“青鸟综合征”的症状。

“**彼得潘综合征**”是指拒绝在社会中独立，想永远做一个无忧无虑的孩子的心理状态，具体表现为精神上的不成熟和无法建立良好的人际关系。因为他们容易受到伤害，经常会感到不安，对进入社会有一种恐惧感。

“**青鸟综合征**”的命名来自梅特林克的童话《青鸟》。因为这类人总觉得“自己的幸福生活不在这里，而是在其他地方”，使得他们无法安心地集中精力做事，最终往往半途而废。这大概也是他们逃避痛苦和困难的一个原因吧。

儿童时代
真美好啊~

耗尽能量的中年人

因为劳动意愿的下降，有的中年人也会像“家里蹲”一样远离社会。不过，即使表现一样，隐藏在中年人内心的原因和年轻人是不同的。

在社会的大潮中经受着压力冲击而变得坚韧的神经，很多时候会突然啪的一下断裂。比如，“工作恐惧症”和“职业倦怠症”都会导致紧绷的神经突然断裂。所谓“工作恐惧症”，指由公司内部压力引发了抑郁症和身心疾病等，并最终导致患者无法继续上班的状况，具体表现为患有心理疾病，并伴随痢疾、头痛、腹痛等症状。

所谓“职业倦怠症”，指怀有很高的目标，对工作也十分热心，但因为努力过头而变得筋疲力尽的状况。耗尽能量时，他们就像失去弹性的皮筋一样，强烈的疲劳感和精力不足导致他们无法继续从事工作。如果任由这种状况持续下去，会发展为抑郁症、酒精中毒、失眠等严重的病症，甚至会有人会有自杀的念头。

中年人罹患这种精神疾病的原因不仅仅局限于工作和公司。由于过于投入工作忽略了家庭，在家中毫无存在感，于是下班后也不愿回家，最终发展为“家庭恐惧症”。有的人甚至干脆不回家，住在宾馆。

此外，现在还有许多老年夫妇陷入了“空巢综合征”。没有了养育孩子的任务，等到孩子们都上班、结婚后，老年人就容易出现这种病症。因为内心的空虚和无力感，导致他们什么事情都不想做，严重时还会引发抑郁症。

最后，要说的是，对于每一种病症都不能轻视，重要的是去医院找大夫治疗，以便消除内心巨大的精神压力。

就这样吧
什么都不想干！
不如死了算了！
好累啊
最近一点也睡不好！

愿望破灭导致的自杀

日本国内自杀的人数在1998后迅速增加，之后也没有看到减少的势头（请参照下一页图表中的数据）。

自杀是一种在破坏自己身体的攻击欲望支配下产生的行为。

弗洛伊德认为，在人的生命中，发展自己的本能并且不断成长的要求是“生的本能”，而对于死亡和痛苦的要求则是“死的本能”，这两者经常混杂在一起。虽然这两方面均衡地融合在一起，但是由于某种原因会使得“死的本能”变得更强，这时人就会产生杀人或者自杀的想法。

由于死的本能与攻击性和破坏力有很大的关系，经常会出现伤害自己的“自伤行为”。最近被广泛关注的年轻人的割腕和吸毒等问题就属于“自伤行为”，如果继续发展下去可能会导致自杀。

那么，为什么近几年越来越多的人被“死的本能”所控制呢?

其中一个很重要的原因就是由经济衰退引起的社会不安定。在自杀率急剧上升的1998年，由于企业导入了“成果主义”，使得劳动环境发生了剧烈变化。对于上班族来说，这带来的是一个充满压力的社会。如果我们看一看自杀者的年龄分布，就会发现50岁以上的人占了一多半。他们自杀的理由中有很多都是失业、破产以及生活艰苦等经济问题，这些所占的比例甚至和病痛是持平的。

当强烈的不安和“死的本能”相结合时，人们的攻击性和破坏力也许就会指向自己。

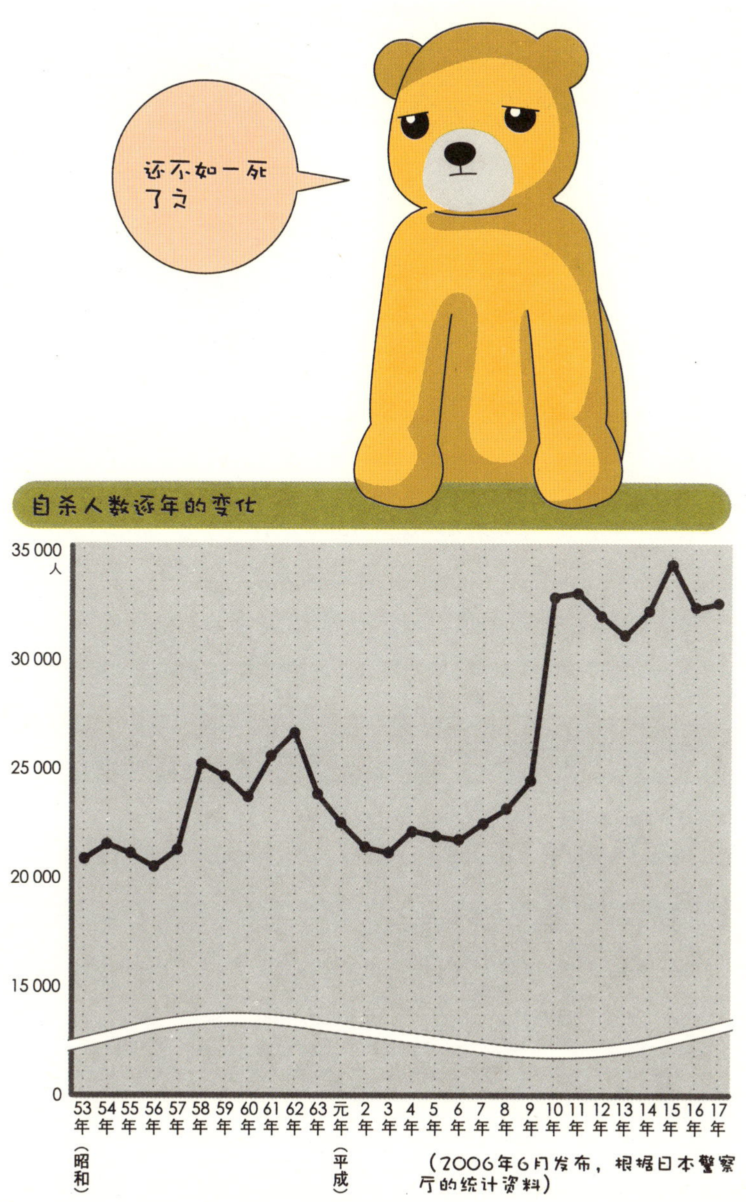
还不如一死了之
自杀人数逐年的变化
35 000 人
30 000
25 000
20 000
15 000
0
53年 54年 55年 56年 57年 58年 59年 60年 61年 62年 63年 元年 2年 3年 4年 5年 6年 7年 8年 9年 10年 11年 12年 13年 14年 15年 16年 17年
（昭和）
（平成）
（2006年6月发布，根据日本警察厅的统计资料）

“好孩子”被欺负后会隐瞒

因为受到欺负而自杀的孩子时有出现。

每当发生这样的事情时，一定有人会说：“要是在这之前能和别人倾诉一下就好了”。的确，在考虑自杀之前，孩子都没有找亲人诉说，这真让人感到不可思议。然而，这是由于孩子内心的“开关”在控制着他自己。

一般情况下，孩子在十岁左右进入青春期。在这个阶段，他们的“自我”也迅速发展起来，逐渐在心中形成一个“自我世界”。换言之，即拥有隐私，拥有不能说的秘密。

比如，以前小孩在家里可以开着门上厕所。然而，到了这个年龄，他们会关上门或锁上门上厕所。他们的内心活动也发生了如同关门、锁门一样的变化，变得不愿意再将心里话向父母或者亲密的人诉说。

另一方面，大概还是在这个年龄段，“相对道德”的萌芽也开始出现。所谓“相对道德”，是一种设身处地为他人着想的感情。相比之前只顾自己的“绝对道德”，可以说这是心智成熟的一种表现。他们会从父母的角度出发思考问题，也会担心自己所做的会不会让父母担心。

“相对道德”和“绝对道德”都是健康的心理发展。不过，在这两者的作用下，孩子变得不再和周围的亲人诉说自己的遭遇，因为他们担心这样会让亲人遭受打击。而且，越是那些直面事实而且认真的孩子，这种感受越强烈。受到欺负时不愿向他人倾诉的原因就是因为这种心理。

让人恶心！
难过吧？
真笨！
让人恶心，
真烦人

通过儿童时期的学习锻炼承受力

那么，我们该如何做才能使孩子们不会因为被欺负而烦恼呢？有没有什么方法能使孩子不被欺负所压垮呢？当然，前提是不教孩子如何去欺负别人。

同样被欺负了，人和人的反应是不同的。有的孩子会绝望到选择自杀，有的会向老师和家长求助，有的会勇敢面对欺负自己的人，还有的会要求转学。那么，这些做法之间有什么区别呢？

首先，这些做法所表现出的“**挫折容忍力**”不同。所谓“挫折容忍力”，指欲求不满时所表现出的忍耐力。这种能力越强的人在遇到挫折时其忍耐力和解决问题的能力越高。要想具备这种能力，需要在学龄前的幼年时期经历和解决许多挫折。比如，孩子对妈妈说“我想吃点心”，而妈妈不同意，并说“饭前不能吃”。此时，孩子会哭着请求“饭后行吗？”或“就一块可以吗？”想方设法跨越障碍，并自己进行交涉，自己寻找解决办法。这样的经历多了，他们就能够成长为“挫折容忍力”很强的成人。

其次就是要掌握一定的社会技巧。被欺负时如何应对，这是处世方法的问题。不管是多么温柔的孩子，也不论是成绩多好的孩子，没有掌握一定的社交技巧都是解决不了问题的。这些技巧和运动、学习不同，不是传授秘诀就能学会的。父母和周围的大人要把自己当成榜样教会孩子交流的技巧，这一点是非常重要的。

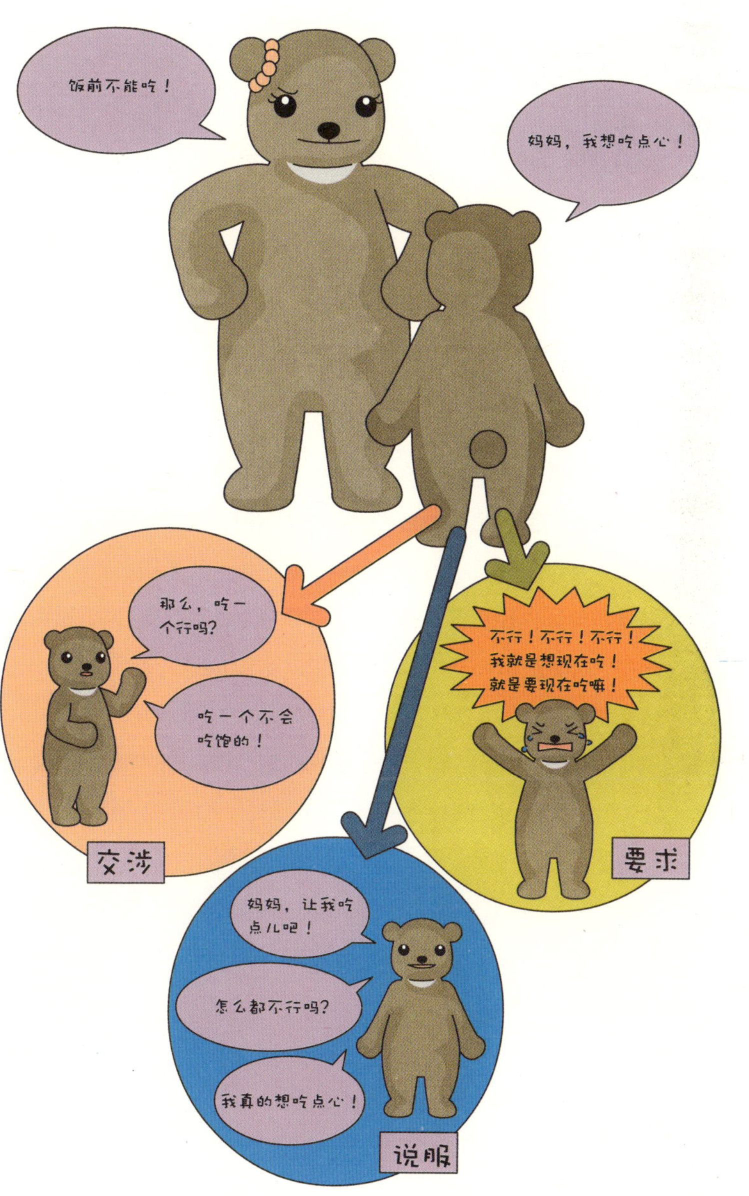
饭前不能吃！
妈妈，我想吃点心！
那么，吃一个行吗？
吃一个不会吃饱的！
交涉
不行！不行！不行！我就是想现在吃！就是要现在吃嘛！
要求
妈妈，让我吃点儿吧！
怎么都不行吗？
我真的想吃点心！
说服

虐待儿童是发泄支配欲的愚蠢行为

虐待儿童已成为一个越来越严重的社会问题。除了家人虐待儿童，许多针对儿童的伤害事件也无法杜绝。随着儿童出生率的降低，犯罪分子轻而易举就毁掉一个珍贵的生命，这实在是一件让人痛心的事情。那么，为什么儿童会成为暴力事件和犯罪的目标呢？

每个人都会有“想支配他人，想随性子做事”的想法，这叫做“支配欲”。如果因为某些原因使得发泄支配欲的想法变得强烈，那么身边弱小的人就有可能成为发泄的对象。比如，当生活中的苦闷和压力，以及挥之不去的痛苦记忆变得十分强烈难以抑制时，有人会想通过控制他人来进行发泄。在各种关系中，例如单位的上司和下属之间、俱乐部的老将和新人之间、兄弟之间、父母和孩子之间都会出现一方将支配欲发泄到另一方身上的情况。

如果问题发生单位或者俱乐部，受害者可以通过退出来表示抵抗。然而，如果是父母和孩子之间出了问题，孩子很难逃离父母的控制。即使遭受父母的虐待，由于离开父母后无法生存，使得他们不管受到什么样的虐待都会寻求父母的保护。也正是因为这个原因，很多受虐孩子会选择隐瞒。

像支配欲这种负面的欲望，每个人多多少少都会有一些。那么，是控制住这种欲望作为动力来使用，还是用它来践踏幼小的生命，这是关系到很多人人生的重大转折点。

虐待儿童的多种表现形式

有关自闭症的种种误解

“自闭症”曾被认为是精神疾病的一种。然而，现在人们逐渐认识到它不是后天形成的精神疾病，而是由于先天大脑机能出现问题而产生的疾病。

总的来说，自闭症有很多问题，请看下一页中所列举的内容。不过，作为一般的症状，有以下三点：

1.交流能力出现障碍；

2. 极度不关心社会；

3.对某件事情容易过度关心。

有时候，这三点会与智力残疾同时出现，有时则不会。最近，研究人员比较关注和智力残疾无关的自闭症，例如“亚斯伯格症候群”、“学习障碍”（LD）和“注意力缺陷多动障碍”（ADHD）等。

这类自闭症患者和旧概念中所提到的自闭症患者不同。因为很多患者的知识水平很高、成绩优异等原因，即使存在上述三种症状，他们也从不认为自己需要帮助。然而，他们在上学时无法很好地与人交流，常被认为是“性格古怪”的孩子，也因此被孤立。

“自闭症”的症状在成年后并不会自动消失，相反会有很多症状留存下来。有人在儿童阶段没有接受自闭症的治疗，因此仍然具有潜在的发展障碍，无法很好地融入社会，并为此深感苦恼。

然而，只要自闭症患者能得到周围人的理解和帮助，在社会中还是能发挥出很大的作用，只是这需要全社会的支持。

自闭症（广义的发展障碍）的一些症状

典型的自闭症

到三岁时，自闭症的三种症状都会表现出来，幼儿时期尤为明显，并伴有智力障碍。

亚斯伯格症候群（高能力广义的发展障碍）

虽然幼儿时期的症状与自闭症相同，但是随着年龄的增长，很多时候症状会变得不再明显。不会伴有智力障碍，有时甚至还超出正常的智力水平。即使成人后也不会被认为是自闭症患者。然而，如果没有周围人的理解，成年后会被社会孤立。

LD（学习障碍）

这并不等于智力障碍，有时甚至会超出正常的智力水平，但在某些方面的学习仍存在困难。比如，计算能力很突出，却几乎不会写字；能做各种运动，却不会跳舞等。有时，还无法集中注意力，做事时丢三落四的。如果就是这样成年的话，在工作中会出现很多问题，比如容易散漫，注意力无法集中；生活中也一样，比如不爱收拾屋子，屋子里经常一片狼藉等。

ADHD（注意力缺陷多动障碍）

突出表现为经常坐立不安，无法将注意力集中到一件事情上。在幼儿时期，这些症状就开始显现，小学上课时无法在课堂上集中注意力，使得问题日益明显化。不过，经过学习和训练，这些病症在成年后会渐渐消失。

没有病，却很奇怪的人

虽然没有得病或者犯罪，但是总让人觉得很奇怪。你周围是不是也有这样的人？

“总是自己说自己的，从来不听别人说话。”

“总是将责任归咎于他人，为自己开脱。”

“总是随意散布谣言。”

“因为听信一些不可靠的谣言，就约束自己的恋人。”

“总是怀疑别人给自己设置陷阱。”

……

现在，这样的人正在增多。在单位或地方团体中，这样的人大多被大家敬而远之。事实上，这些人可能患上了“**人格障碍**”。

所谓“人格障碍”，指不采用社会通用规则或常识来思考和行动。虽然它和精神疾病或抑郁症不同，不属于心理病症，但是“人格障碍”的患者却难以在社会中顺利生活，也无法构建良好的人际关系。

德国精神病医生施奈德将人格障碍定义为“天生的人格异常，这种异常的人格会给自己带来烦恼”。患上人格障碍的人，在接受事物的方式、情感表达、对对方感情的接受方式等方面都存在严重的感情偏失，所以很难和周围人产生共鸣。

对于人格障碍的诊疗，现在美国精神病学会的DSM（“诊断与统计手册”）根据各种特征，将人格障碍进行了非常细致的划分（参见下一页）。

人格障碍的分类（根据DSM）

A类：有着奇妙、古怪的幻想，还很自闭。

妄想型人格障碍
对他人存有强烈的怀疑和不信任，总觉得周围的人对自己不怀好意。如果受到伤害，会一直怀恨在心。

类精神分裂型人格失常
没有与他人交往的兴趣，会避免与别人接触，选择一人独处。不交朋友，也不谈恋爱。不对他人表达感情，即使被孤立也很安心。

分裂型人格障碍
因为小事就产生误解，无法与他人交往。盲目相信奇怪的想法和迷信，而且常做出一些不被人理解的举动。

B类：感情起伏大，无法承受过大的压力

反社会型人格障碍
没有良知和罪恶感，会平静地做出给他人带来麻烦或者反社会的行为。性急且易怒，经常吵架或者实施暴力行为。此外，还很容易冲动。

边缘型人格障碍
对于自己以及身边的人，感情总是不稳定，也无法建立人际关系。经常做出伤害自己、浪费、暴力、性交、吸毒等行为。

表演型人格障碍
经常采取吸引周围人注意的行动，采用表演的语言，故意打扮地很华丽等。感情善变，心情经常摇摆不定。

自恋型人格障碍
没来由地认为自己是很特别的人物，而且待人傲慢。总是考虑如何利用他人，被人责怪后又会感到非常不安。

C类：经常因为缺乏自信而陷入不安，而且压力过大

回避型人格障碍
因为害怕自己被他人批评而回避进入社会。因为怕被责怪、被惩罚而不做任何事情。

依赖型人格障碍
对他人的依赖性非常强，甚至到了无法一人独处的地步。即使是日常琐事，也要征求别人的意见和指示。为了不被拒绝，就连一些坏事也会去做。

强迫型人格障碍
过度的完美主义，不会考虑效率和通融。对于社会规则和法律，道德观念有很大反应。此外，还非常顽固。

潜伏心理术小结⑤

- 颜色是反映心理状态的镜子，从颜色的喜好可以发现一个人的性格倾向。
- 遭受打击会导致心理创伤，而原本很坚强的人更容易患上“创伤后应激障碍”。
- 适度的自卑使人成长，而过度的自卑会导致极度缺乏自信和没有勇气承担责任。
- “A型行为”的人是竞争心强的急性子，“B型行为”的人缺乏竞争性，爱过悠闲松散的生活。“A型行为”的人总感觉压力重重，易患心脏疾病。
- 减肥人群有可能患上“厌食症”、“暴食症”或“狂食症”，其中童年得到的关爱不够又极力追求完美的人容易出现摄食障碍。
- “沉溺”会导致“依赖症”，而根据依赖对象的不同可以分为“物质成瘾”和“过程成瘾”。另外，对人际关系产生的依赖被称为“共同依存”。
- 心理压力过大是导致抑郁症的直接原因，对任何事情都很认真和诚实的人容易患上抑郁症。
- 压力过大还会导致“神经症”。“神经症”的出现与个人性格有很大关系，其中“无法取得平衡性格”的人容易患上“神经症”。
- “宅”根据原因的不同，可以分为“由精神疾病导致的宅”和“社会性质的宅”。“宅”本身隐含了不安和对社会的恐惧。
- 人到中年，可能会面临“工作恐惧症”、“职业倦怠症”和“家庭恐惧症”。到了老年，又会面临“空巢恐惧症”。
- 儿童时期，就应该锻炼孩子的承受力，这样他们才能成长为“挫折容忍力”很强的人。

第6章 心理测试

想更加深入地了解自己的内心，就来做本章为您精心准备的心理测试吧。

1.左右两边的脸，你更喜欢哪一边呢?

假如有人要给你拍张侧面像，你会选择哪一侧呢?

左侧代表外向，右侧代表内向

通过这个测试，可以了解你是否是一个容易表达出内心情感和说出心声的人。每个人都会在脸上表现出内心的感情，而且相比右半边，左半边的脸更容易流露出感情。和左半边相比，右半边脸更像是带着面具。

因此，选择拍摄左半边脸的人，属于能够积极表现自己的内心情感和说出心声的类型，也就是外向的人。相反，选择拍摄右半边脸的人属于避免流露内心情感的类型，也就是内向的人。

不过，这并不是说选择左边好，选择右边不好。虽然选择左边的人会让人觉得外向、开朗和积极，但是有时会让人觉得做事不经过深思熟虑，还很粗心大意。

另一方面，虽然内向的人做事十分小心谨慎，很少出现粗心大意的错误，但是他们在接受新鲜事物时却持有消极的态度。

通过这个测试知道了自己是什么类型的人，会对你今后的生活和工作很有帮助。

2.你认为出了差错是你的失责吗?

几个很要好的朋友一起去爬山。准备向目的地出发时，突然下起了雨。于是，朋友对你说了下面的话。你听了后会怎么回答呢？请从A到C三个选项中选出一个。

通过将责任归咎于谁可以了解一个人的性格

（参见本书第34页）

犯了错误或者面对失败时，每个人都有不同的接受方式，例如责怪自己，归咎于外因，不做深究等。如果了解了一个人内心深处的处理方法，就能知道他是什么样的人。

选择A的人叫做“外罚型”，他们将责任归咎于外在原因，不会因为压力而苦恼。不过，因为周围的人可能会认为他们“总是责怪别人，没有责任感”、“是个十分任性的人”等，所以自己一定要注意！

选择B的人叫做“无罚型”，不会深究错误的责任在哪一方。他们不会责怪其他人，显得平和而容易相处，但是有时无法准确把握问题的关键所在，会犯同样的错误。

选择C的人叫做“内责型”。这样的人遇到问题时总是怪罪自己、责备自己。这类人容易积累压力，也可能受到“外罚型”人的责备。即使答应了很难做到的事情，他们也会觉得“如果做不到就是我的错”，所以这类人一定要注意不要自己蛮干。

如果你是“内责型”的人，那么给自己留有余地是很重要的。即使用一些可以安慰、说服自己的借口，比如“我忙的都没时间确认天气预报了”，这也不是什么坏事。

3.在这样一个糟糕的早晨，你会怎么想呢？

有一天早晨，每天准时收看的占卜节目预测你今天的运势很糟糕。而且，正当你向窗外一瞟时，看到阳台上卧着一只黑猫，而占卜中说这是不吉利的象征。等到出门时，鞋带又断了。此时，你会做何感想呢？

A 还好是现在断了。如果出去再断了，可就麻烦了。

B 今天真是不顺利啊。可能会发生什么不好的事情吧。

C 这些东西迟早是要坏的，说不定就在今天，所以没什么特别的感觉。

容易纠结于不利暗示的消极思考型

这是一个关于积极思考还是消极思考的问题。通过对占卜或者预言等没有根据的“不吉利的事情”的接受方法，可以了解一个人的思考模式。

选择A的人，能够积极地思考，即使遇到不吉利的事情，也会乐观地想“说不定还是件好事”。对于占卜或者预言，他们大概只会相信对自己有利的事情。他们性格开朗，什么都敢尝试，只是有时会草率行动。

选择B的人，经常会消极思考。这样的人会纠结于不好的暗示，如果占卜或者预言对他们不利，他们会立刻相信，并因此变得消沉。这样的人在发生事情时总是朝不好的方向想。如果对方的话语稍稍有点不悦，他们就会觉得“他一定很讨厌我，所以才这么说”，并为此深感苦恼。如果你也这样的话，就一定要小心由于误解产生的压力。

选择C的人不会相信不现实的事情。他们的内心是最平衡的。

4.你的面前会是什么样的山呢?

你一个人去爬山，前方出现了一座山，那么你觉得那会是一座什么样的山呢？从下面的三个选项中选出一个。

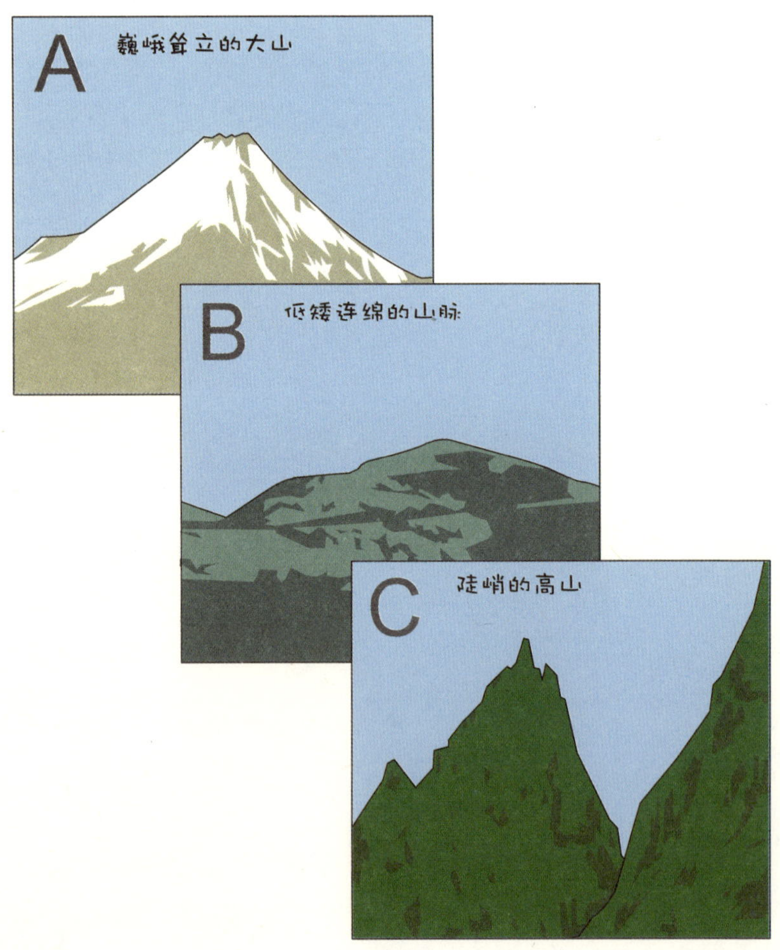

通过想象的山脉可以了解现在的压力状况

这座山所表现的是一个人内心的安定程度。内心安定的人，会想象出山脉的样子。内心安定程度低的人，压力所导致的不安会充斥在心里。

选择A的人，内心非常安定，很有自信。他们内心宽广，大方且乐观。

选择B的人，内心比较安定，但这是他们潜意识中要求自己安定的结果。他们设定的目标很低，并且希望回避冒险来避免内心出现不安。

选择C的人，现在的内心是不是非常不安定呢？他们就像在陡峭的山崖上行走一样，生活中充满了烦恼和困难。他们没有自信，对现状的满意度也很低。

内心安定程度很低的人会被巨大的压力压垮。可能日常生活中点滴的压力积攒起来就会变成相当沉重的压力，并最终伤害到内心。因此，我们一定要在平常检查自己的压力程度，并且以一种很好的方式来排解压力。

5.你对于对方的失礼会有什么感觉呢？

你参加了一个自助餐晚宴。在会场内闲逛时，有朋友看到了你，并给你介绍另一个人。不过，这个人显得很无聊，甚至都没有看你一眼。

此时，你会有什么感觉呢？请从A到C三个选项中选出一个。

A 真是不懂礼貌啊。这分明是在侮辱我嘛！

B 反正我也不是那么有趣，不理我就不理我吧！

C 都不能看着别人的眼睛说话，这个人可真害羞。

自己可以改变消极的想法

这个测试说明，即使在同一种情况下，每个人也会有不同的感觉。对方没有对自己表现出兴趣时，每个人接受的方式不同，感情也会发生180度的变化。

选择A的人应该很生气。他们可能怒气冲冲，内心非常不愉快。他们觉得对方小看了自己，所以会如此生气。

选择B的人觉得自己也有不对的地方。因此可以说他们的想法很消极，并且没有自信。他们在会场里一定很难受。

与A、B相比，选择C的人不易怒，不消极。他们总会退一步考虑，觉得这种情况不是对方的错，也不是自己的错，所以不会感到不愉快。当然，他们也会继续享受宴会。仅仅因为自己的感觉，就会对事物有不同的看法，有时甚至会改变你自己的想法。

6.自行车刹不住闸时，你会怎么办?

自行车在下坡的时候突然刹不住闸，好像是车闸坏了，这时你会怎么办?

有时候因为慢性压力会使自己失去控制感

面对危机、承受压力时，我们一般会努力回避这种状态。然而，如果长时间无法控制同一种压力，容易让人失去干劲，以致随波逐流。因为被无助感所控制，人会觉得“怎么办都不行”，因而也无从产生干劲。于是，“我想掌控局面”这种想法就会消失。这叫做“习得性无助感”。

选择A和B的人“控制欲”都在正常工作，面对突发事件也能保持健康的精神状态。选择C的人，虽然有点依赖别人，但是仍然具有“无论如何也要摆脱困境”的控制感。

然而，选择D的人是非常消极、不负责任的。他们可能被“不管做什么，都不会有什么结果”这样的无力感所支配。此时，应该想一想是不是家中或者单位的状况导致你陷入了慢性压力或者无助感。而且，不管发生了什么事情，都要让自己从重拾成就感开始努力。

7.看到一只可爱的小狗，你会怎么办？

散步的时候，看到一只可爱的小狗，此时你会怎么办呢？

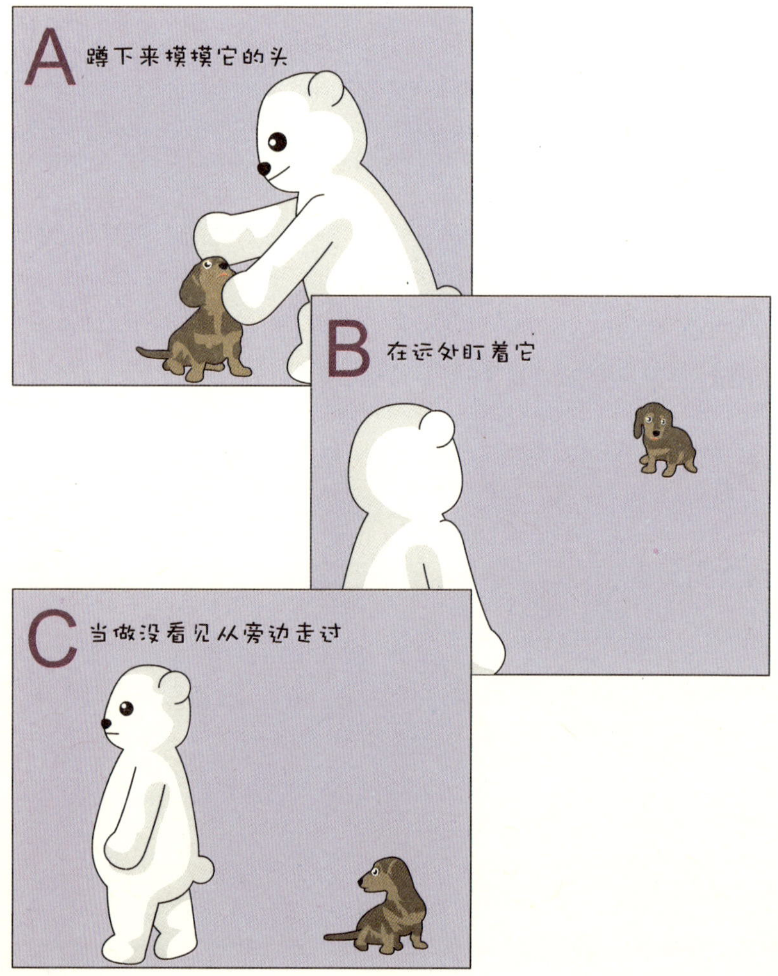

你的内心是不是有对人恐惧症呢？

（参见本书第118页）

这里的小狗代表的是初次见面的人。通过这个测试，能够了解你面对陌生人时会怎么办。

选择A的人，内心开放，容易接近。他们不会认生，和谁都能打成一片。也没有对人恐惧症。即使是初次见面的人，也能和自己变得亲近。他们平时肯定有很多朋友。

选择B的人，比较在乎别人如何想自己。这类人稍稍有点对人恐惧症，不过只要接受了对方，就会有和对方更加亲密的想法。如果能够鼓起勇气，还是能建立起新的人际关系的。

选择C的人，非常在乎别人怎么看待自己。因为自己很清楚这一点，所以他们只能装作不在意。他们有非常严重的对人恐惧症，或者说他们非常认生。所以，这类人不要总是封闭在自己的世界里，应该将目光转向他人，和他人主动多交流才是最重要的。

8.你依赖手机吗？

手机已经完全融入我们的生活中。从小学生到老年人，拥有手机的人越来越多。的确，想打电话就打电话，想发短信就发短信，这样会让生活相当方便。

不过，我们总能发现有些年轻人总是不离手机，几乎随时都在打电话、发短信。其实，这些人中有很多已经患上了“手机依赖症”。这种依赖症具有物质成瘾、过程成瘾、共同依存等三个要素，并且患者人数呈不断上升的趋势。

患有“手机依赖症”的人只要没带手机，就会相当不安。与他人的联系也以手机联系为主，因为有了手机就经常不遵守约定的时间……出现了这类状况的人，很有可能已经患上了“手机依赖症”。

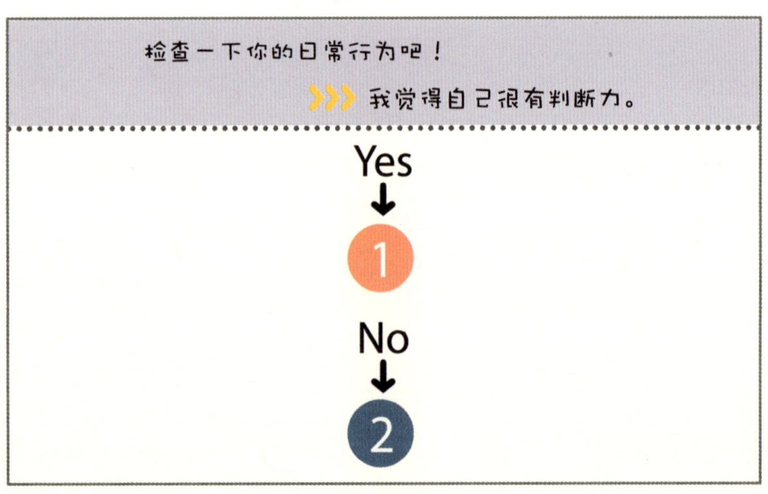

1
开始做事的时候，基本不去想别人的看法。
Yes → 3
No → 4

2
如果没有及时收到回信，会很烦躁。
Yes → 5
No → 4

3
除了照相和发送电子邮件，基本不使用手机其他的附带功能。
Yes → 6
No → 7

4
手机落在家里时，你的感受如何？
a. 稍稍有点不安 → 7
b. 特别不安 → 9

5
查看未接来电时发现有一个不认识的号码，你会怎么办？
a. 打回去看看 → 7
b. 放在那里不管 → 8

6
对手机有一些不好的印象。
Yes → 诊断为A
No → 10

7
比起打电话，更想和好朋友当面说话。
Yes → 10
No → 11

8
觉得经常互发短信的人更值得信任。
Yes → 12
No → 11

9
发现自己经常查看短信。
Yes → 诊断为D
No → 12

10
两年以上没有更换手机了。
Yes → 诊断为A
No → 诊断为B

11
每月手机费很高。
Yes → 诊断为B
No → 诊断为C

12
手机收不到信号会很不安。
Yes → 诊断为D
No → 诊断为C

每种诊断的分析请看下一页。

你能够自己作出判断并采取行动，属于依赖倾向较轻的类型。因为有一种戒心，觉得“不能太信任手机”，所以几乎没有手机依赖症。即使忘记带手机，也不会觉得不方便。

诊断为B的人

依赖度

40%

你一直把手机当做能够打电话和发短信的交流工具来使用。虽然手机可以带来很多便利，但你不会考虑用手机来建立人际关系。你只在必要的时候使用手机，所以依赖程度也比较低。

对于你来说，手机就像宠物一样。它会遵照你的想法，也能给你解闷，是一个非常好的玩伴。当然，手机也是交流和收集资料必不可少的工具。买东西或者预约酒店时都要用到手机，它作为你不可缺少的物品而存在，由此可见你相当依赖手机。

你觉得手机就是生活的全部，都不敢想象没有手机的日子

你难道不这么想吗？你每天花费很多时间泡在手机上，这就是严重的依赖症。你需要重新审视一下自己的人际关系了，并且应当让手机离自己稍稍远一点。

潜伏心理术小结⑥

- 左半边的脸更容易流露出感情，而右半边的脸更像是带着面具。
- 犯了错误或者面对失败时，每个人都有不同的接受方式，分“外罚型”、“内罚型”和“无罚型”三类。
- 积极思考的人只会相信对自己有利的事情，消极思考的人会纠结于不好的暗示，而内心平衡的人不会相信不现实的事情。
- 内心安定的人，非常自信；内心安定程度低的人，压力所导致的不安会充斥在心里。
- 被“无助感”控制时，人会失去干劲。当内心的“控制欲”正常工作时，面对突发事件也能保持健康的精神状态。
- 内心开放的人，非常容易接近。在乎别人看法的人，稍稍有点“对人恐惧症”。非常在意别人怎么想的人，严重“认生”，总是封闭在自己的世界里。
- 有不少年轻人患上了“手机依赖症”，只要不带手机就会坐立不安。

第7章
心理学的历史

始于“心是什么”的心理学

将心理学作为科学的开始可以追溯至古代人对于“心是什么”的疑问。

以前，“身心二元论”作为常识，认为“心”和“身”是根本不同的。

开始对“心”进行思考，最初是在哲学领域。公元前四世纪的古希腊哲学家柏拉图认为，人类的心和身是以两种独立的形态存在的，而且即使肉体死亡了，人的心也是永远存在的。

后来，他的学生亚里士多德提出了完全相反的见解。那就是，“心在心脏中，无法与身体分离，肉体的死亡会导致心的消失”，这便是“身心一元论”。这两人的思想对后世的哲学和心理学领域产生了极为重要的影响。

特别是亚里士多德，他提出的想法成为现代心理学的基础，他还在雅典建立了一所学校。在逻辑、自然、社会、艺术等领域，他也作出了很大的贡献。

荣格 Carl Gustav Jung（1875~1961）

瑞士的心理学家和精神分析医师，分析心理学的创立者。1900年取得巴塞尔大学的医学博士学位，1902年又获苏黎世大学医学博士学位。回国后，他发表了“词语联想法”实验的研究成果。自1907年起，他与弗洛伊德的交往开始很密切，不过相互之间在思想上产生了差距，于是自己创立了“分析心理学派”。1948年，他创立了“荣格研究所”，直到现在他的心理学研究仍然被后人所延续。

此外，在古希腊哲学时代，哲学家毕达哥拉斯也提倡“身心二元论”，他认为“心不在心脏内，而在大脑内”。

然而，这些哲学意义上的心理学无法被后世继承，于是“心是什么”这个问题就在后来的几个世纪内遗留了下来。

随着其他领域的发展逐渐细化

到了17世纪，在法国，被称为现代哲学鼻祖的笛卡儿登场了。

笛卡儿最著名的思想是“我思故我在”，其含义是“当我怀疑一切事物的存在时，我却不用怀疑我本身的思想，因为此时我唯一可以确定的事就是我自己思想的存在”。与柏拉图一样，笛卡儿直面“人的心是否独立于肉体而存在”这个问题。他也认为物质和精神是完全不同的，发展了“身心二元论”，认为应将肉体和精神分开对待。此外，他还提出人生来就具有某些能力和观念的先天论，并由此发展出了能力心理学。

弗洛伊德 Sigmund Freud (1856～1939)

奥地利精神疾病医生及精神分析学家，是精神分析学派的创始人。在维也纳大学学习医学，1881年获得医学博士学位。1895年，弗洛伊德将自己与布洛伊尔共同研究歇斯底里病症的成果写成《歇斯底里症研究》一书。这本书的出版，为弗洛伊德的精神分析学的创立奠定了理论基础。1900年，他出版了《梦的解析》一书，该书现在被许多人推崇为弗洛伊德最伟大的著作。

另一方面，在科学领域内，当时伽利略和牛顿等科学家根据自己的经验，发展出了自然科学。由此，哲学领域也发展出了经验主义哲学。被称为联想主义心理学的学科由洛克、贝克莱、休谟等人创立。他们认为人在出生以后根据自己的经验才获得了许多观念。就像这样，心理学在哲学内部发展了起来。

到了18和19世纪，物理学、生理学、医学、天文学等都有了长足的进步。受到这些影响，许多领域都变得更为细化。

比如，德国的解剖学家加尔、苏格兰的生理学家贝儿所研究的大脑生理学和解剖学就与之后的实验心理学有关。此外，德国的生理学家韦伯和物理学家费希纳所创立的“心理物理学”就成为现代心理学的基础。

马斯洛 Abraham Harold Maslow (1908～1970)

美国心理学家。1933年，在威斯康星大学取得博士学位后，曾作为哥伦比亚大学的助教、布鲁克林大学教授任教。当时，心理学界流行的研究方法是将动物的行为和患病的人类作为研究对象，马斯洛对这种趋势抱有疑问，提出了将健康人作为研究对象的重要性。他将人类活动的动机和创造性、自我实现等作为研究课题，并留下了许多珍贵的数据。

始于冯特的实验和观察

由哲学派生出来的心理学成为独立学科是在1879年。那一年，被称为世界上第一位心理学家的冯特在莱比锡大学建立了第一间心理学实验室。那里便是心理学科学的开始。

对于一直被当做哲学一部分所进行的对心的研究，冯特将实验和观察这些自然科学的方法引入。比如，对于声音、光线和颜色等能够刺激五官的要素，人们会在什么情况下做出什么反应进行了尝试性的实验。这被称为“实验心理学”，是现在心理学的基础。冯特认为“心”是在感觉和感情等成为构成要素之后才形成的。这叫做“构造主义”。

此外，除了实验，他还提出了对于心理活动要根据民族进行研究的“民族心理学”。这可以说是现在文化人类学的开始。

皮亚杰 Jean Piaget (1896～1980)

瑞士心理学家，在儿童心理学领域留下了伟大的功绩。大学所学的专业虽然是生物学，但是之后由于对儿童的认知发展领域产生了兴趣，从1921年开始在日内瓦的卢梭研究所进行研究。通过直接观察儿童的行为，他提出了儿童特有的“自我中心性”和“自我中心化”的思想。

然而，大概在30年之后，“构造主义”遭到了激烈的批评。批评者认为，构造主义内的“内观法”是一种通过实验对象自己叙述心理状况和感受而收集数据的方法，因此缺乏客观性。

此外，美国心理学家沃森提出了要客观观察人类活动的“行为主义心理学”。德国的心理学家韦特海默等人认为心的感觉不是单一的，而是所有感觉通过协同效应而产生的总体印象。由此，他提出了“格式塔心理学”。

弗洛伊德以后进行的“潜意识”研究

在同一时期，有一股与以往根本不同的心理学潮流诞生了。代表人物就是稍后在日本也被人熟知的《梦的解析》的作者弗洛伊德。

弗洛伊德在维也纳大学学习医学，通过获得的临床经验，他认为能够通过观察人类内心深处的潜意识部分了解到人类内心的活动。

米尔格拉姆 Stanley Milgram (1933～1984)

美国的社会学家、心理学家。1954年在纽约取得政治学学位，1960年在哈佛大学取得了社会学的学位。在测试人们对权威服从性的实验中，他假定“每个人是通过六个人作为媒介与世界联系的”——即“六度分隔理论”，并进行了“小世界实验”。他还主张“潜意识才应该是心理学采用的数据”。

之后，他对人格和精神疾病继续进行研究，并确立了精神分析法。他在对梦境的解析和精神疾病病理的研究方面也取得了伟大的成绩。

弗洛伊德对于潜意识的关注，对之后的心理学家荣格和阿德勒都产生了很大的影响。

作为弗洛伊德著名的学生之一，荣格因为后来弗洛伊德提出的“所有行动的根源都与性欲望有关”这条理论而离开了他，并建立了自己的学派。荣格认为人类的潜意识分为“个人潜意识”（在成长过程中被压抑的个人的东西）和“集体潜意识”（人类共有的深层人格）。他将自己的学派命名为“分析心理学”，以与老师弗洛伊德的理论区分开来。

此外，在20世纪的美国，将社会心理学应用于精神分析法的“新弗洛伊德学派”也渐渐壮大起来。

三隅二不二 Mizumi Jyuji（1924～2002）

领导力研究的世界权威，日本心理学家。他对于领导类型的分类，不同于迄今为止主流的民主型和专制型，而是提出了自己独特的分类方法，被称为“PM理论”。他还因为热心于将自己的研究成果运用到实际生活中而闻名。

心理学的各个领域

现代心理学可以分为基础心理学和应用心理学两大类。基础心理学作为学术，研究的是基础的规则，而应用心理学则是将基础心理学应用到临床的学科。

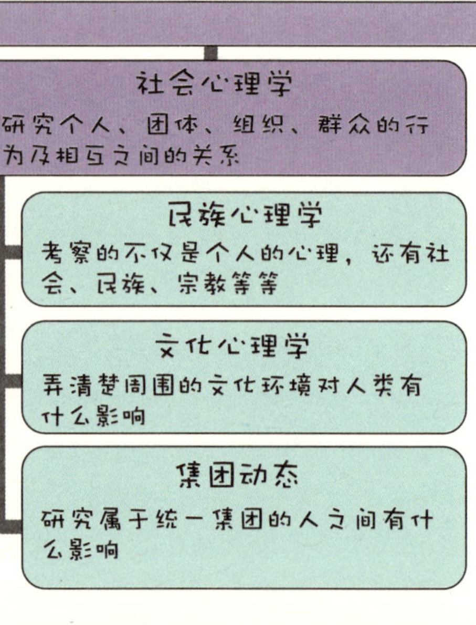

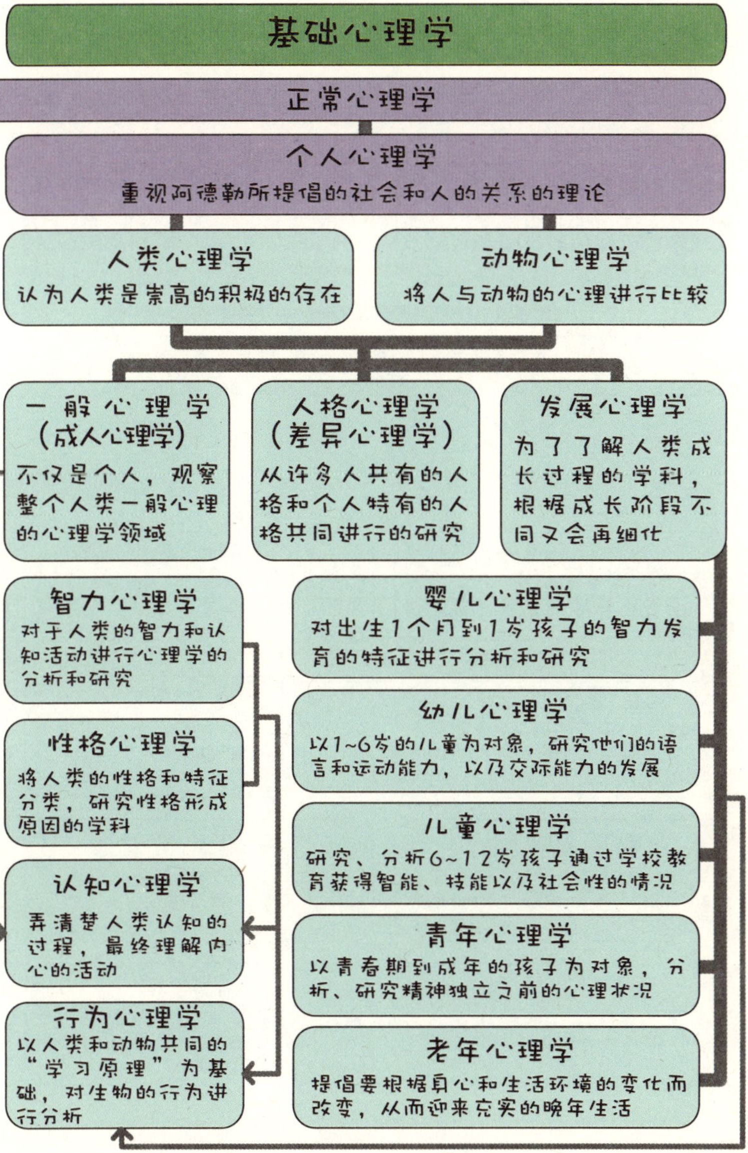

基础心理学

正常心理学

个人心理学
重视阿德勒所提倡的社会和人的关系的理论

人类心理学
认为人类是崇高的积极的存在

动物心理学
将人与动物的心理进行比较

一般心理学（成人心理学）
不仅是个人，观察整个人类一般心理的心理学领域

人格心理学（差异心理学）
从许多人共有的人格和个人特有的人格共同进行的研究

发展心理学
为了了解人类成长过程的学科，根据成长阶段不同又会再细化

智力心理学
对于人类的智力和认知活动进行心理学的分析和研究

性格心理学
将人类的性格和特征分类，研究性格形成原因的学科

认知心理学
弄清楚人类认知的过程，最终理解内心的活动

行为心理学
以人类和动物共同的“学习原理”为基础，对生物的行为进行分析

婴儿心理学
对出生1个月到1岁孩子的智力发育的特征进行分析和研究

幼儿心理学
以1~6岁的儿童为对象，研究他们的语言和运动能力，以及交际能力的发展

儿童心理学
研究、分析6~12岁孩子通过学校教育获得智能、技能以及社会性的情况

青年心理学
以青春期到成年的孩子为对象，分析、研究精神独立之前的心理状况

老年心理学
提倡要根据身心和生活环境的变化而改变，从而迎来充实的晚年生活

应用心理学

教育心理学
从心理学的角度弄明白学校、家庭、社会团体等教育现场所发生的问题

产业心理学
运用心理学的知识和方法，弄明白产业活动中各种问题的产生原因

学习心理学 研究通过经验和学习获得的知识，分析人类行为的动机

发展心理学

经济心理学
分析、预测个人和家庭等小集团、消费者整体的消费、节约等经济行为

法庭心理学
研究虚假的供述、心理鉴定、证人的心理状态等与审判有关的心理活动

经营心理学
从心理学的角度研究经营者和顾客的心理等经营活动中人为的、社会的方面

交通心理学
以弄清楚事故原因和整顿交通为目的，分析驾驶时的人类活动

军事心理学
研究战场和军队，或与此有关的人的心理，在军事行动的时候发挥作用

灾难心理学
研究发生灾难时该怎么办，灾害后所形成的心理创伤

职业心理学
对于职业选择、工作场所中人类的活动进行心理学的分析

心理咨询
20世纪40年代罗杰斯提倡的疗法，治疗师在不给患者任何指示的情况下听患者的话

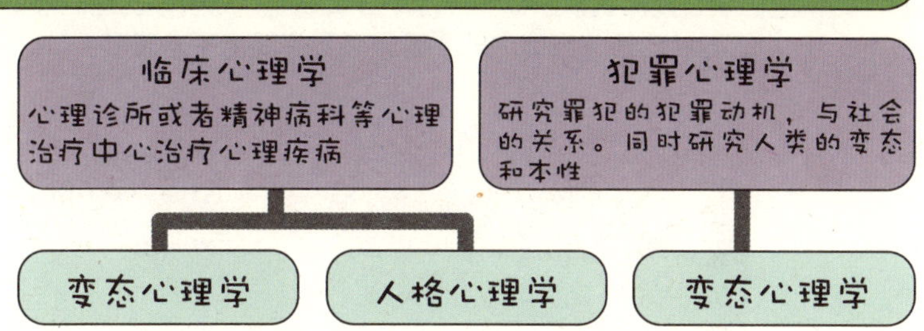

人类心理学
为了提高工具和机械的安全性和机械性，分析人类知觉、动作、反应的学问

艺术心理学
研究、分析隐藏在艺术作品创造和鉴赏背后的心理活动

宗教心理学
除了分析宗教信仰心理的结构和机能以外，还研究理解宗教本身

广告心理学
分析、研究广告和广告活动对于消费者的消费行为的影响

看护心理学
为了提供给患者更好的看护，分析患者的心理状况

恋爱心理学
从对人认知和形成印象等对人魅力的观点出发，弄清楚恋爱发生的机制

政治心理学
从心理学的角度分析去投票、参加政治活动的人们的心理

运动心理学
分析许多与运动有关的现象和有用性，在指导实践时发挥作用

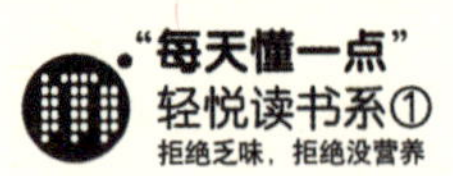

日本最潮色彩使用说明书

日本亚马逊书店五星推荐持续热销2,600,000册

- 为什么快餐店不适合等人？
- 为什么蓝色汽车的事故率最高？
- 为什么铁道口横杆要用黄黑条纹？
- 为什么家教过严的孩子画画时多使用冷色？
- 为什么医生穿绿色的手术服其实会加大手术难度？

366个生动小例子，贴心揭示色彩妙用的秘密。
还有关于色彩力的趣味测试。